¿QUIÉN MANDA EN ESTA CASA?

La autoridad, tu cónyuge y tus hijos

ADRIANA URDIAIN DE ALANÍS

LIBROS LIGUORI

One Liguori Drive ▼ Liguori, MO 63057-9999

Imprimi Potest:
Harry Grile, CSsR
Provincial de la Provincia de Denver
Los Redentoristas

Publicado por Libros Liguori
Liguori, MO 63057-9999
Para hacer pedidos llame al 800-325-9521.
www.librosliguori.org

Library of Congress Cataloging-in-Publication Data
¿Quién manda en esta casa? : la autoridad paterna y la educación de los hijos / Adriana Urdiain de Alanís—1.
ed.
    p. cm.
Includes bibliographical references (p.).
ISBN 978-0-7648-2220-9
1. Ten commandments—Parents. 2. Parent and child—
Religious aspects—Catholic Church. 3. Authority—Biblical
teaching. 4. Authority—Religious aspects—Catholic
Church. 5. Parenting—Religious aspects—Catholic Church. 6. Child
rearing—Religious aspects—Catholic Church. I. Title.
    BV4675.U73 2012
    248.8'45—dc23

                          2012024873

Libros Liguori, una corporación sin fines de lucro, es un apostolado de los Padres y Hermanos Redentoristas. Para más información, visite Redemptorists.com.

Impreso en Estados Unidos de América
16 15 14 13 12 / 5 4 3 2 1
Primera edición

Para mi familia, lo más valioso que tengo,
para Rosy que nos cuida desde el Cielo.

Índice general

Introducción

Durante más de quince años he tenido oportunidad de escuchar y orientar a muchos padres de familia. También Dios me ha permitido ser madre por más de dos décadas. Y, durante todo este tiempo, hay una cuestión constante: ¿por qué resulta tan difícil ejercer la autoridad en la familia?

Padres, maestros y autoridades se ven hoy en día sobrepasados por las conductas de los jóvenes. Se escucha constantemente la queja de no poder controlar a adolescentes y jóvenes que toman las noches sin ningún freno en las ciudades. Existe un dolor profundo en los adolescentes de hoy, porque se ven perdidos en un mundo que les cede el control, pero que no les ha dado las herramientas suficientes para tomarlo; este grito de auxilio se vive en esas casas donde los padres observan tristemente cómo sus hijos se pierden en el vacío de las drogas, el alcohol y la deserción escolar; este grito de auxilio se repite en las escuelas, en donde cada día hay menos maestros que se preocupen por formar y se conforman con cumplir con sus asignaturas, quejándose amargamente de aquellos jóvenes que ocupan los pupitres y con los cuales ya no se puede establecer una relación personal. Se dice que forman parte de una generación del «me vale…» y que viven solo en el día a día, esperando únicamente recibir satisfacciones y gratificaciones sin hacer el menor esfuerzo y sin preocuparse por el futuro.

Necesitamos recuperar el control, solo una persona que sabe postergar sus deseos, que ha obedecido, que ha observado el ejemplo de otros al actuar y que ha ido poniendo en práctica, poco a poco, su libertad acompañándola de responsabilidades, con el tiempo irá en ascenso y será capaz de convertirse en un adulto responsable. No permitamos que cada vez más niños y jóvenes vivan la terrible incertidumbre de tener un mundo a sus pies y no saber qué hacer con él porque les sobra libertad, pero les ha faltado guía.

1. Antecedentes históricos en el manejo de la autoridad en las familias y en la sociedad

«Honrarás a tu padre y a tu madre»

Al echar una mirada a la historia y preguntarnos cuándo se inicia en los padres de familia aquella responsabilidad de formar, educar y ejercer la autoridad sobre sus hijos, nos remontamos precisamente a la Biblia y encontramos en ella la primera línea que nos señala la responsabilidad de ejercer la autoridad que tenemos los padres.

Este párrafo se refiere al cuarto mandamiento de la ley de Dios «honra a tu padre y a tu madre, para que se prolonguen tus días sobre la tierra que el Señor, tu Dios, te va a dar»[6].

Es Dios mismo quien manda a los hijos respetar a sus padres y es el que manda a los padres ejercer su autoridad ante los hijos. Dios nos ha investido de su autoridad y espera que la ejerzamos. Por lo tanto, el antecedente histórico del manejo de la autoridad en la familia y en la sociedad, se remonta hasta la Creación, hasta el momento en que Dios crea a la familia y les da a Adán y Eva la autoridad sobre aquellos que nacerán de su unión y formarán su linaje.

Durante años, el padre de familia era considerado el centro total de respeto y autoridad dentro de una casa. Las personas que nacieron durante la primera mitad del siglo XX, crecieron en un mundo de guerras, de privación, de carestía. Los padres y los abuelos luchaban arduamente por conservar a las familias unidas. Las esposas y los hijos apoyaban en todo momento para lograr sobrevivir en situaciones tan difíciles.

A partir de 1950 las guerras y los malos tiempos fueron desapareciendo, los países se fueron recuperando, las familias fueron disponiendo de más recursos materiales y los medios de comunicación masivos como la televisión entraron a todos los hogares[9].

La autoridad a partir de los sesentas

La década de los sesentas representa para los estudiosos del manejo de la autoridad entre padres e hijos una frontera dramática. Lo que por siglos se había respetado y que formaba parte de la tradición, en estos años es severamente criticado.

Se empiezan a escribir libros sobre educación y se cuestiona severamente la autoridad que se ha ejercido por siglos en las familias. Sus orientaciones van dirigidas hacia una educación más relajada, donde los padres tendrán que negociar, acceder, permitir, en un nuevo estilo de paternidad que hasta entonces no existía.

Esta nueva generación de padres comenzó a tenerle miedo a la palabra «no» y empezó a manejarse el concepto de «traumar a los hijos» si se les castigaba o se les negaba algo[9].

Muchos padres pusieron en tela de juicio la autoridad, sin embargo, muchos otros continuaron ejerciéndola en sus casas, de una manera más personalizada, adecuándola más al desarrollo de sus hijos y a sus necesidades, y pasando más tiempo con la familia. La introducción de teorías en las que se enviaban mensajes a los padres diciendo que su papel debía ser más el de «amigos» que el de padres, los hizo confundirse y empezar a perder aquella brújula de su derecho a ejercer la autoridad delante de sus hijos[2].

Los años sesentas marcaron el principio de lo que sería el ocaso de la autoridad paterna. A partir de entonces, durante estas últimas cinco décadas, padres, maestros y autoridades nos hemos preocupado por la crisis en el desarrollo moral de nuestros niños. Pareciera que algo se ha perdido y que no lo podemos encontrar. Las estadísticas que señalan una crisis en la persona aumentan y la necesidad de una sana orientación de los hijos se convierte en prioridad.

Adiós a las tradiciones

A partir de 1970 nuestros niños comenzaron a sufrir grandes transformaciones. Las mamás comenzamos a liberarnos, utilizando métodos anticonceptivos para hacer la familia más pequeña y tener más tiempo para nosotras. Este tiempo para «nosotras» significaba más tiempo realizando actividades en la calle y menos tiempo en la casa, que es donde estaban nuestros hijos.

La incorporación de la mujer al mundo político, laboral y social, y el surgimiento de nuevas estructuras familiares con los divorcios, padres separados y madres solteras, generaron un momento en el que se le dijo «adiós a las tradiciones» que por siglos habían acompañado a la familia.

Los hijos comenzaron a sufrir esas transformaciones. Pasaban cada vez más tiempo al cuidado de otras personas que no eran sus padres, y las reglas de autoridad eran diferentes en cada lugar. Lo que se podía hacer en casa de los abuelos no era permitido en la casa del padre, o lo que la mamá educaba durante la semana se venía abajo cuando los hijos visitaban al papá el fin de semana.

Había más dinero, más juguetes, más comodidades, pero menos presencia de los adultos. La televisión vino a convertirse en la niñera de moda y los niños crecían de acuerdo con lo que se les dictaba en los programas de televisión.

Había menos hermanos, era más difícil comer todos juntos; las personas que estaban al cuidado de los niños cambiaban constantemente, lo que hacía más difícil la definición de reglas y el manejo de la autoridad. ¿Cómo saber si brincar en la cama está bien o mal si no hay nadie que me lo indique? ¿Cómo aprender que mentir es malo, que abusar del pequeño es injusto, que hay que aprender a esperar tu turno, si no está ni papá ni mamá en casa?

La transmisión de valores se complicó. Debido a la situación económica, las mamás cambiamos la prioridad de estar con nuestros hijos por la necesidad de obtener más ingresos; los papás se volvieron figuras cada vez más ausentes, ya fuera por cuestiones de divorcio, separación o simplemente porque el trabajo implicaba que viajaran a ciudades lejanas y que estuvieran cerca de sus hijos solamente unos cuantos días al mes.

Son estos antecedentes históricos en el manejo de la autoridad los que nos llevan a analizar una historia de siglos, en la que desde el principio se vincula a los padres la responsabilidad de ejercer esta paternidad con autoridad y que poco a poco se ha ido perdiendo.

Lo que en este libro se propone es el sano equilibrio en una relación donde el niño tiene un valor y un papel importante en la familia, pero donde los padres conservan la enorme responsabilidad de dirigir a sus hijos con cariño y respeto, mientras ellos no sean lo suficientemente maduros para actuar libremente y con responsabilidad.

Preguntas de reflexión

1. ¿Cómo fue tu relación de hijo o hija con tus padres? ¿Lejana, cercana, con poca presencia?
2. ¿Quiénes, además de tus padres, podían ser figuras de autoridad para ti como hijo?
3. ¿A quién obedecías? (a tu papá, a tu mamá, a los dos).
4. ¿Por qué obedecías? Escribe una lista de las razones que te movían como hijo a obedecer.
5. Compromiso personal: escribe algo concreto que hayas aprendido en este capítulo.

2. Un análisis de nuestros tiempos

Según el designio de Dios, los esposos reciben, al hacerse padres, el don de una nueva responsabilidad. Y aunque la familia inicia solo con dos miembros, está llamada a crecer con los hijos a través de la paternidad. El siguiente capítulo trata de abordar el tema de la situación que viven los matrimonios actualmente, la dificultad en el manejo de hijos de familias con un solo padre.

Matrimonios a la baja

En alguna ocasión leía que el matrimonio no estaba en crisis, los que estaban en crisis eran las personas que lo formaban. Esta frase ha quedado grabada en mi memoria ya que ciertamente, al estar en crisis las personas, todas aquellas instituciones formadas por ellas, sufren las consecuencias.

Miles de personas buscan en el mundo una pareja con quién compartir su existencia. Existen revistas especializadas y sitios de internet que se dedican a encontrar la «pareja ideal». Miles de horas, miles de dólares, miles de esfuerzos se dedican en esta humanidad a tratar de encontrar a esa persona con la cual compartir tu vida y tus sueños. Sin embargo, triste resultado da esta búsqueda, ya que con frecuencia a las primeras dificultades de la convivencia diaria, estas parejas se ven destruidas y empieza el terrible tormento de la separación y después del divorcio. Si ya es difícil distribuir los bienes materiales reunidos por un matrimonio durante su existencia, imaginemos lo complicado que resulta tratar de distribuir el tiempo y la presencia de los hijos, que al final de cuentas son los que más sufren en una situación de divorcio. Cuando sus padres se separan y se divorcian, los niños atraviesan épocas difíciles. A veces resulta imposible salvar un mal matrimonio, pero es esencial dar lo mejor de nosotros mismos para ayudar a nuestros hijos a superar el proceso. Uno de los problemas más comunes de los divorcios es que la autoestima de los niños queda muy lastimada. Otras veces los niños esconden su sufrimiento mostrándose fuertes y duros o controlan su sensación de pérdida fingiendo indiferencia.

Estamos viviendo en una sociedad subjetiva, viviendo en el relativismo, donde cada quien se inventa sus propias reglas y horarios, donde cada quien hace lo que le place—por el simple placer—, lo que es bueno para mí, sin importar las consecuencias que en los demás tengan sus decisiones y comportamientos. En esta época, una de las palabras más usadas es «libertad» y se quiere entender libertad como «hacer lo que yo quiera, cuando yo quiera y porque yo quiero». Sin embargo, la libertad radica en hacer aquello que debo hacer, queriéndolo hacer, por propia decisión.

El manejo de los hijos en familias que viven separadas

Después de una separación brusca, es común que los niños pequeños se aferren desesperadamente al padre que permanece a su lado. La partida súbita e incomprensible del otro, altera la imagen y la seguridad de los niños y los expone a una inestabilidad amenazante y a veces intolerable. Los padres también están sufriendo esta separación brusca; en la mayoría de los casos, uno aparecerá como el ofendido y otro el culpable. En estas situaciones es muy común «utilizar» a los niños, producto del matrimonio, para obtener ventajas. El padre que se queda a cargo de los niños, tendrá que preocuparse por superar él mismo el dolor que está sufriendo y ayudar a sus hijos a superarlo. El padre que se va, sentirá la tristeza de la soledad y añorará el día en el que pueda compartir con sus hijos un momento para curar ese dolor[12 y 13].

En momentos como estos, los padres pensamos que la disciplina y las reglas son «muy duras» y utilizamos un método relajado y permisivo, como compensación a las pérdidas que han sufrido los niños y que hemos sufrido como padres también[9].

Asimismo, suele llenárseles de bienes materiales comprando con objetos y juguetes aquella sonrisa que les ha arrancado la separación de sus padres.

En estas situaciones los padres se sienten tremendamente vulnerables. Viven la angustiosa realidad de un futuro inestable y se sienten preocupados por el futuro de sus hijos. Es muy común que los niños se muestren ansiosos, que tengan regresiones, que se presenten retadores y que inclusive culpen a los padres por el dolor que ellos están sufriendo. Otras veces los hijos se culpan a sí mismos de la separación de sus padres y piensan que por ellos, por algo que hicieron en algún momento, sus padres se enojaron y uno de ellos decidió abandonarlos[13].

La realidad es que parece inevitable que esta situación de hijos viviendo en casa de uno de sus padres se viva cada vez más en nuestra sociedad. Es difícil pensar que aquellas parejas que no pudieron coincidir en sus puntos de vista y no pudieron superar sus dificultades, tengan la capacidad de manejar la autoridad frente a sus hijos, ya que esta requiere de una sólida comunicación entre padre y madre en la que se definan aquellas conductas aprobadas y se rechacen las inadecuadas. Asimismo exige de consistencia y de continuidad al paso de los días y que los adultos estén serenos para dar un buen ejemplo a sus hijos.

Hay que evitar los problemas y las frustraciones que da el haber fracasado en una relación tan importante como el matrimonio. Hay que evitar también llenar el tiempo y el corazón de los hijos con cosas materiales, hay que tratar de no hablar mal nunca del excónyuge, no utilizar a los hijos para negociar, no chantajear, no jugar al papel de «madre víctima», «papi maravilla», etc.

El punto ideal sería que papá y mamá trataran de unirse en un objetivo común: formar a sus hijos en un ambiente de amor, seguridad y respeto. Respetar los límites que cada uno de ellos ponga en su casa, enseñarle al niño que lo que es bueno en casa de uno es bueno en casa del otro. Estas conductas le ayudarán al niño a recuperar la seguridad de que, aunque sus padres viven en diferentes casas, el «bien» prevalece a pesar de la distancia[22 y 13]. Los padres deberán procurar una comunicación adecuada: consecuencias en común en caso de que un hijo se muestre retador o desobediente y entender que la adolescencia de sus hijos será mucho más fácil y manejable si se ponen de acuerdo cuando son pequeños. En ocasiones se recomienda asistir con un especialista que los ayude a comunicarse y a educar a sus hijos con reglas comunes y con una amplia participación de ambos padres.

Es importante para los hijos saber el papel que sus padres seguirán desempeñando durante la vida y es importante también no olvidar que la educación en las virtudes y los valores es una herramienta que les será de gran utilidad a los hijos en un futuro y que puede ser la garantía que ayude a evitarles un fracaso matrimonial cuando sean grandes.

La violencia... un mal de nuestros tiempos

Estudios realizados en 2002 por Glenn y Nock muestran que aquellos niños que viven en familias saludables con sus dos padres presentes, son niños menos agresivos. Durante la última mitad del siglo XX se triplicaron los suicidios entre adolescentes y jóvenes, y dos terceras partes de estos jóvenes vivían en casas con padres divorciados o madres solteras. En el libro «Hoy tirano, mañana Caín» (Prado y Amaya) se menciona que aquellos niños (desde los dos años de edad) que crecen con papás separados, pueden presentar problemas emocionales y de conducta, y que en la adolescencia el mentir y destruir bienes ajenos se presenta más frecuentemente en familias desintegradas que en familias bien constituidas[26].

La familia es uno de esos grupos que puede provocar o inhibir la violencia entre sus miembros. El formar parte de una familia da sentido de pertenencia y transforma las tendencias de independencia, egoísmo y agresividad en conductas de ternura, empatía y cuidado.

Cuando los hijos han observado a los padres discutir, agredirse e inclusive utilizar la violencia verbal y física, es muy probable que en ellos también se esté acumulando esta ira interna, la cual los hará tener una mayor tendencia a la violencia. La violencia se puede presentar en familias que viven bajo el mismo techo así como en aquellos matrimonios que se han destruido.

Un entorno con alcohol, drogas y sexo

Muchos padres nos preguntamos qué hacer ante una situación tan peligrosa y tan cotidiana. Es importante saber que la solidez de tu matrimonio, la buena comunicación con tus hijos desde pequeños, la sólida formación de valores y virtudes, y un manejo adecuado de supervisión por parte de los padres, junto con reglas claras y bien establecidas, serán de enorme ayuda para superar estas situaciones. Nadie está a salvo, ni existe una receta mágica, pero ante esta situación lo más importante es prevenir. No hay hogares exentos, por lo mismo es importante estar siempre alerta y mantener un estrecho, pero no asfixiante, contacto con los hijos. Hay que enseñarles a tomar buenas decisiones en relación con ellos mismos y a rechazar aquello que los puede perjudicar.

Es importante ser padres «presentes», estar en contacto con nuestros hijos y entender que el ambiente en el que ellos se mueven está cada vez más influenciado por estos factores y que nuestra presencia es indispensable para ayudarles a evitar estas adicciones[23]. Y estar presentes tiene que ver con cantidad y con calidad de tiempo, con platicar juntos en la comida o en la cena, con compartir experiencias gratificantes, paseos y diversiones; estar allí, para saber si tu hijo te necesita.

Preguntas de reflexión

1. Si estás casado, ¿consideras que tu matrimonio está en crisis? ¿Por qué?
2. Si estás separado del padre o de la madre de tus hijos, ¿complica esta situación la educación de tus hijos? ¿Por qué?
3. ¿Qué tipo de violencia rodea a tu familia? ¿Cómo le afecta esta violencia a tu familia?
4. ¿Qué tipo de adicciones—alcohol, drogas, tabaco, pornografía—rodea a tu familia? ¿Cómo afectan estas adicciones a tus hijos?
5. Compromiso personal: Una vez que has reflexionado sobre el ambiente actual y el impacto que este tiene en la formación de tus hijos, escribe tres cosas concretas que tú y tu pareja pondrán en práctica para prevenir el impacto negativo en tus hijos.

3.   La autoridad y la disciplina

Definiciones, bases teóricas y fundamentos

La autoridad es la obligación y la disciplina es la forma de ejercer esta obligación y los padres debemos tener muy en cuenta que ambas van de la mano. No podemos ejercer la autoridad por el simple hecho de ser padres, si no la ejercemos en un ambiente de disciplina formativa. La autoridad regida exclusivamente por el poder y cerrada a la razón se convierte en autoritarismo. «Mandar» porque lo ordeno yo, sin establecer criterios previos, sin tomar en cuenta la etapa de desarrollo de nuestros hijos, sin tomar en cuenta la personalidad de cada uno de ellos, sin tener un claro canal de comunicación que permita resolver dudas e inquietudes, convierte una casa en una prisión y una relación de padres-hijos en una auténtica tiranía[13].

Para los padres, en muchas ocasiones, ejercer la autoridad y la disciplinar significa problemas y los problemas a su vez significan lágrimas, berrinches y frustración, por ello frecuentemente como padres evitamos esas situaciones.

Cuando un matrimonio es capaz de comunicarse y encuentra una manera de ejercer la autoridad ante sus hijos que los haga sentir cómodos, que sea buena para ambos y que satisfaga las necesidades personales sin caer en omisiones o excesos, entonces podemos decir que ha encontrado la manera apropiada de disciplinar efectivamente a sus hijos y de aumentar la unidad y el amor en la familia[21].

Hay que agregar a esto que un matrimonio es la unión de dos historias y que habrá que sumarlas para construir un futuro común. Este es el primero y más importante de los pasos: saber obtener lo mejor de cada una de las formas y estilos en educación familiar de la pareja y sumarlos con la experiencia y el aprendizaje de nuestros propios errores para que todo esto nos ayude a ser mejores padres.

Una vez que se ha formado un frente común y que papá y mamá están de acuerdo en que les corresponde a ambos ejercer la autoridad y que esta debe ser clara, adecuada a la edad de cada hijo y responder a las necesidades que presenta cada etapa de desarrollo, habrá que iniciarse en el uso de la disciplina para establecer un programa de límites y un claro manejo de la autoridad.

Cómo definir reglas en familia

La familia es la célula de la sociedad, por lo tanto, es necesario que tenga reglas y límites, y que existan consecuencias cuando estas reglas y límites no se respeten.

Las reglas y los límites son importantes ya que ayudarán a nuestros hijos a integrarse a la sociedad. Recordemos que este conjunto de reglas y límites es la disciplina, esto es, ejercer la autoridad de manera práctica. Dependiendo de la comunidad en la que el niño viva, habrá algunas reglas y límites que se modificarán.

Será tarea de los padres enseñar a sus hijos a ajustarse a las reglas y límites que son moralmente aceptados en su comunidad. Uno de los instrumentos para el aprendizaje de estas reglas es el uso de la disciplina y el ejemplo.

Las primeras reglas que deben establecerse son aquellas que van en relación con el respeto: «no se golpea, porque le causas dolor al otro», «los dientes no son para morder amigos, son para comer», «cuando quieres algo, se pide diciendo 'por favor'», «en la casa no se grita, se habla», etc. Las reglas relacionadas con el respeto ayudarán al niño a salir de su egocentrismo y le enseñarán que todos merecemos respeto y que el respeto es un camino de ida y vuelta. El niño merece respeto, pero debe aprender a respetar a los demás[14].

El segundo grupo de reglas tiene que ver con la seguridad del niño. Desde que es muy pequeño hay que ser muy firmes en negarle todo aquello que lo pone en riesgo y hacerle entender que no cambiaremos estas reglas. Algunas veces los padres se manejan de manera irracional en este sentido y dicen que es bueno que el niño aprenda por experiencia propia, esto es, que se queme para aprender que aquello está caliente o que se corte para no volver a jugar con cuchillos. Los padres estamos llamados a proteger a nuestros hijos y a entender que cuando son pequeños no tienen la capacidad de medir los peligros[13 y 14].

El tercer grupo de reglas son aquellas que ayudarán al niño a vivir la virtud del orden: «un lugar para cada cosa y cada cosa en su lugar». Es importante conocer que entre los dos y los seis años de edad, el niño vive un periodo especialmente sensible para aprender el orden y que será mucho más fácil enseñarlo a esta edad. Esta virtud dará enormes frutos en la vida adulta de nuestros hijos.

El cuarto grupo de reglas corresponde a aquellas que tienen que ver con la urbanidad y los buenos modales, y que le ayudarán al niño a integrarse a la sociedad, a ser bien aceptado y a tener la capacidad de adaptarse a diferentes grupos sociales. Este grupo de reglas también tendrá que ver con el desenvolvimiento del niño en su círculo familiar, escolar y el vecindario. Con estas reglas se buscará desarrollar la empatía con su comunidad y ayudarle a desarrollar la convivencia, el agradecimiento y la amabilidad. No debemos olvidar lo importantes que son los buenos modales al momento de comer, o los gestos y posturas, así como la forma de vestirse y el aseo personal.

Por último, podríamos mencionar aquel grupo de reglas que tienen que ver con la comunicación. Enseñarle al niño a escuchar, a hablar con claridad al comunicar sus sentimientos y sus ideas, al hablar de las cosas que le disgustan en el momento adecuado, con la persona adecuada y utilizando un tono de voz y las palabras adecuadas. Este tipo de reglas también le ayudarán a mejorar su capacidad de atención y concentración, y le ayudarán cuando sea estudiante a saber preguntar lo que necesita y obtener información de una manera adecuada, socialmente aceptada[22].

Podríamos incluir muchos grupos de reglas, pero estos son en general los que ayudarán a nuestros hijos a desarrollarse íntegramente. No debemos olvidar que, además de lograr que papá y mamá estén de acuerdo y compartan los mismos objetivos y de definir reglas que sean igualmente importantes para cada uno de ellos, habrá que tomar en cuenta la etapa de desarrollo en el que se encuentra su hijo, para lograr que este programa funcione de la mejor manera.

Estos grupos de reglas, que podemos llamar objetivos, podrán ser a corto plazo, para trabajarse o inculcarse la próxima semana, o a largo plazo, esto es, llevará años el alcanzarlos. Normalmente los papás nos enfocamos en aquellas reglas-objetivos a corto plazo «hoy mi hijo está haciendo muchos berrinches, necesito que deje de llorar por cualquier cosa», «este último mes mi hija me ha estado hablando en muy mal tono y no permite que le pregunte qué le pasa... necesito mejorar la convivencia familiar», «esta semana mi hijo ha pasado largas horas hablando por teléfono hasta la medianoche, quiero que entienda que esas no son horas de hablar por teléfono», etc. Como podemos observar en estos ejemplos, la mayoría de las familias giramos alrededor de necesidades inmediatas y tenemos poca planeación hacia el futuro. Muchos padres de familia son empleados de empresas y saben perfectamente bien lo importante que es la planeación a futuro, a largo plazo, para ser exitosos. Desgraciadamente la mayoría de las veces olvidamos que la empresa más importante en la que participamos es nuestra familia, y vamos dejando al «ahí se va» la educación de nuestros hijos.

En estos objetivos a largo plazo debemos ir desarrollando la estructura para ir formando un adulto responsable. Yo incluiría un punto más, en el que se desee por parte de los padres de familia criar niños que tengan sólida vida interior y espiritual, y que lleven una vida virtuosa, para llegar a una formación integral (cuerpo-mente-espíritu).

Formar un adulto responsable e íntegro es un enorme objetivo a largo plazo, pero como los anteriores, requiere de pequeñas acciones diarias, semanales, mensuales y anuales en las que vayamos poco a poco sembrando en nuestros hijos pequeñas actitudes que después se conviertan en hábitos y terminen por formar parte de su personalidad y carácter. Una persona noble, responsable, sensible, religiosa no nace en ninguna maternidad, esa persona se construye día a día con la sólida dirección de sus padres, con este programa previamente determinado, en donde se van educando poco a poco conductas que van indicando el camino hacia el bien.

Preguntas de reflexión

1. ¿Ha sido fácil «construir un estilo disciplinario» en tu casa? ¿Qué lo facilita? ¿Qué lo dificulta?
2. Escribe tres reglas familiares bien establecidas en tu casa en relación con el respeto.
3. Escribe tres reglas familiares bien establecidas en tu casa en relación con la seguridad de los miembros de la familia.
4. Escribe tres reglas familiares bien establecidas en tu casa en relación con el orden.
5. Escribe tres reglas familiares bien establecidas en tu casa en relación con los buenos modales en la comunidad.
6. ¿Cuánto tiempo al día te comunicas con tus hijos? ¿De qué hablas con ellos?
7. Compromiso personal: Compartir con mi pareja cada regla bien establecida en mi familia (si es el caso, con el padre o madre de mis hijos, si no vivimos juntos), para lograr acuerdos y pedir a los hijos lograr acuerdos con ambos padres.

4. Los padres se quejan: épocas difíciles de los hijos

Cuando somos padres, nuestra vida cambia por completo. Al llegar al mundo nuestro hijo, cambian nuestras prioridades, las relaciones familiares dan un giro de 180 grados, el sentido de nuestra vida se enriquece y adquiere una nueva dimensión.

Desde el nacimiento hasta los dos años

Nada más indefenso que un bebé recién nacido. Sin la presencia de adultos que lo atiendan, que le ofrezcan alimento, amor, cuidado físico y atención, difícilmente podemos imaginarnos que sobreviva en este mundo. Cuando este bebé es el primero en la familia, en más de una ocasión genera incertidumbre a sus padres por la falta de experiencia. Está comprobado que entre recién nacidos hay enormes diferencias en su temperamento, sus horarios de dormir, su tolerancia a los alimentos, el tipo de llanto que presentan, su reacción ante diferentes estímulos y su sensibilidad al mundo nuevo. Y qué fácilmente se adaptan ellos a la nueva situación de vivir fuera del vientre materno y si tomamos a un bebé de estos como ejemplo, lo único que necesitará en un principio será amor, alimentación, atención y afecto. En este momento pueden comenzar las diferencias para ejercer la autoridad entre los padres. Habrá madres que posiblemente se muestren sobre-protectoras, y que ante la más pequeña queja de su pequeño, corran a su lado y se muestren agobiadas tratando de entender qué es lo que le sucede. En ocasiones también encontraremos mamás que muestran una terrible dificultad para comenzar a definir en su pequeño las primeras reglas en la familia: el horario de las comidas. Es también un motivo de atención sobre todo física, el adaptar el horario de sueño del bebé al de los padres. Muy posiblemente hasta pasado el segundo o el tercer mes, el bebé comenzará a dormir casi toda la noche. Será importante también establecer un horario para su baño diario y comenzar desde sus primeros días a generarle pequeñas rutinas que con las semanas empezarán a formar parte de su vida diaria. Algunas parejas exageran mucho en el sentido del silencio que debe rodear a un niño de esta edad y les piden a los familiares y amigos que se acerquen de puntitas a observarlo y que todo lo que se hable sea en voz baja. Es importante que el bebé continúe dormido y que en la casa la vida se lleve de manera normal, utilizando el volumen ordinario de voz y de sonido ambiental que resulte respetuoso hacia el pequeño, pero hay que evitar convertir la casa en un auténtico cementerio, ya que esto hará que el bebé muestre en pocas semanas dificultad o intolerancia a los ruidos ordinarios y que fácilmente se despierte[12 y 13].

En ocasiones el llanto del bebé también genera mucha ansiedad en los padres. Hay que distinguir un llanto de angustia, del llanto por hambre o el llanto de cansancio. Como mencionaba en el párrafo anterior, la cantidad de llanto de cada bebé está asociada a su personalidad, pero también es cierto que una de las finalidades del llanto del bebé es pedir atención. Muchos bebés lloran simplemente porque sí, porque aprenden que al llorar sus padres estarán ahí satisfaciendo sus necesidades. Esto hará que el bebé llore con más frecuencia esperando que esta conducta se repita. Aproximadamente a los tres meses de edad ya será fácil para los padres definir qué tipo de llanto es el que está presentando el bebé y cabe hacer mención que también estos primeros tres meses resultarán sumamente agotadores para la madre que se encuentra cansada por las pocas horas de sueño, las demandas de la lactancia, la constante presión de cuestionarse si estará cumpliendo correctamente con su función de madre, etc., unido todo esto a los cambios en la relación con el marido y con la modificación de rutinas dentro de la casa. Si existen otros hermanos, muy posiblemente todas estas situaciones con el bebé, serán menos importantes que aquellas actitudes que estén surgiendo en los hermanitos que se sienten desplazados ante la presencia de un nuevo miembro en la familia. Los celos, la rivalidad entre hermanos, las regresiones de hermanitos mayores, ejercerán también una fuerte presión en los padres que ya estarán bastante agotados debido a la situación física que demanda un bebé en sus primeros meses de vida[12,13 y 22].

Muchas veces bajo situaciones de tensión, la pareja suele aflojar la rienda de la autoridad y dejar que los hermanitos se muevan en un ambiente menos disciplinado. Esto muchas veces ocasiona dificultades importantes que después habrá que subsanar. El consejo en una situación así es que el nuevo miembro de la familia se adapte lo más rápidamente posible a las normas y las reglas existentes en la familia y que los hermanitos mayores se sientan amados y queridos, pero que no se les justifiquen conductas inadecuadas, asociándolas al nacimiento de un nuevo hermanito.

Otra situación que causa tensión en la pareja es que el marido se siente relegado ante la constante atención que su esposa tiene que brindarle al nuevo miembro de la familia. Tanto el papá como la mamá pueden atender perfectamente bien a un bebé y no es función exclusiva de las mujeres hacerse cargo de los recién nacidos. Cualquier cosa que hace una mamá a excepción de darle pecho a su bebé, la puede hacer también el papá. Muchas veces el padre teme acercarse e involucrarse con el pequeño ya que la mamá considera que él no es capaz y lo va alejando poco a poco de la relación hasta hacerlo sentir relegado y convertido en un auténtico proveedor y no en un miembro activo en relación con el nuevo bebe. En otros casos el papá se sentirá cómodo teniendo a una esposa que se encarga de atender al 100% las necesidades del bebé. Este es, nuevamente, un momento importante en la relación conyugal y en la definición de roles respecto a la autoridad frente a los hijos. Si el padre se convierte simplemente en un espectador y se dedica solo a observar aquello que la esposa va decidiendo hacer con los hijos, tal vez nunca se involucre en la definición de las reglas y consecuencias de la familia y posiblemente tampoco le interese figurar como imagen de autoridad ante los hijos.

Durante estos primeros meses es recomendable evitar ser una madre sobreprotectora, que quiera jugar sola el papel de progenitora siendo sumamente posesiva y asumiendo toda la responsabilidad, como también se recomienda evitar ser un padre que observe de lejos las pequeñas hazañas del día a día y que se limite a satisfacer las necesidades materiales de este nuevo miembro de la familia. Ser una autoridad es un trabajo diario que inicia con el nacimiento de nuestros hijos y que terminará cuando estos se hayan convertido en adultos maduros. No debemos menospreciar estos pequeños e importantes momentos de los primeros meses de vida del bebé. Papá y mamá deben tratar de involucrarse, de expresar sus sentimientos, de colaborar uno con el otro, de ofrecer ayuda, de ir definiendo en pareja aquellos pequeños criterios que para cada uno de ellos resulten importantes.

Pasados los primeros meses donde el bebé es una personita que come, llora y duerme, empiezan a surgir sus primeras actividades físicas fuera de los brazos de sus padres. Un bebé a partir de los ocho meses empieza a cambiar velozmente. Empieza a sentir la necesidad de desplazarse y de interactuar con los objetos. Su necesidad de conocer su entorno es tan fuerte como su necesidad de alimentarse. Es enormemente curioso, todo lo coge, todo lo chupa, todo lo quiere alcanzar. Hacia los once meses el bebé comienza a ser un participante activo en la vida de la familia, su movimiento es cada vez más independiente y en algunos casos ha logrado ya caminar por sí solo. Tiene una enorme curiosidad por conocer el mundo y una enorme necesidad de saber qué sucede con cada uno de los objetos. Estos primeros recorridos por el mundo, lejos de su madre y de su padre pueden ser peligrosos, ya que el bebé no tiene la conciencia de aquello que puede causarle daño. Empieza a tener conciencia de sí mismo y empieza a tratar de hacer cosas que le interesan, independientemente de si son o no importantes o interesantes para sus papás. Se da cuenta de que en ciertos momentos puede separarse de papá y mamá, y decidir a qué jugar. Se empieza a formar la identidad. El bebé comienza a darse cuenta de que no es una extensión de su madre y de su padre, que tiene diferentes necesidades y diferentes tiempos para satisfacerlas. Al principio su necesidad de explorar lo llevará tal vez a romper algunos objetos, esto podrá ocasionar risa a los papás. Pocas veces se mostrarán molestos cuando el bebé tire o rompa algo, pero conforme el bebé vaya explorando más y más, y vaya ganando más terreno, más lejos de los brazos de sus padres, tenderá también a ponerse en peligro y comenzará a escuchar una palabra que hasta entonces era totalmente desconocida para él: ¡no![12].

El bebé entiende pocas palabras, posiblemente entre diez o doce. La palabra «no» carece de significado, él está más interesado en ver cómo escurre por el piso el vaso de agua que estaba tomando mamá o qué tan divertido resulta meter las manos al agua del inodoro para chapotear. El bebé hace las cosas simplemente por el placer de hacerlas.

En este momento podríamos estar viendo en la historia de la relación del hijo con sus padres sus primeros conflictos en la aplicación de la autoridad. El niño no va a comprender los «por qué sí» y «los por qué no» de los adultos, solo busca aprender y divertirse. Poco a poco irá distinguiendo cuáles cosas puede tocar y cuáles son los objetos que están prohibidos y quedan fuera de su alcance. No podemos esperar que un bebé entre los doce y veinticuatro meses pueda distinguir una botella con refresco de una botella con ácido muriático. Por lo tanto, es responsabilidad de los padres generar un ambiente libre de peligros para el pequeño.

Las reglas más necesarias en la casa tienen que ver con la seguridad de los hijos, nunca debemos olvidar este aspecto: un bebé necesita sentir que su madre y su padre, aunque son muy agradables y amorosos, tiene sus propios derechos y saben cómo ser firmes. Esto es lo que llamamos que el bebé identifique a sus padres como «figuras de autoridad».

Cuando el niño se acerca a los dos años de edad, empiezan a aparecer algunas actitudes contradictorias. Por una parte aumenta la necesidad de formar su propia identidad, pero por otra, está íntimamente ligado emocionalmente a sus padres. Esta edad se presenta como una frontera entre lo que yo llamaría «un bebé grande» o «un niño pequeño».

Estos primeros meses han dado la oportunidad a los padres de conocer y sentirse identificados con su hijo, perciben las características únicas y especiales que lo hacen ser una persona llena de cualidades por pulir y perfeccionar. Ocurren algunos momentos de paz entre aquel bebé que despertaba toda la noche y que lloraba sin parar, y este pequeño niño que ya es mucho más fácil de tratar, pero esta situación es meramente temporal, ya que estamos a punto de entrar a la primera gran crisis de identidad y autonomía: «los terribles dos años de edad».

«Los terribles dos años de edad»

La primera adolescencia la llaman algunos, los terribles dos la llaman otros. De un día para otro, nuestro bebé comenzó a revelarse. Empezó a pedir cada vez más espacio para él mismo, empezó a mostrar un carácter que jamás le habíamos visto, está dispuesto, a partir de este momento, a lograr que las cosas sucedan como él quiere y que todos los adultos que están a su alrededor tengan como objetivo principal hacer su voluntad. Constantemente hay que estar ideando nuevas actividades para mantenerlo entretenido y, si lo dejamos por unos momentos sin dirección, él buscará su propia diversión. Día a día se da cuenta que es una persona diferente de los demás, la presencia de su «yo» exige que quiera establecer sus derechos claros e inalienables sobre su nuevo territorio psicológico: «soy una persona». Su capacidad de movimiento ha aumentado y ahora puede manejar mucho mejor el espacio que lo rodea. También su capacidad intelectual ha crecido enormemente y ya se le ocurren soluciones para ciertos problemas: si quiere alcanzar algo, busca una silla para subirse; si tiene hambre, se dirige a la despensa para tomar algo que esté a su alcance. Este pequeño niño va comprendiendo poco a poco que es una persona independiente, individual y que existen dos personas que en ocasiones quieren coartar su libertad: papá y, principalmente, mamá. Para estas alturas el niño ha aprendido bien qué tan seguido mamá tiende a gritar o a amenazarlo y qué tan frecuente mamá cumple sus amenazas[12].

Las exigencias del pequeño son cada vez más grandes, quiere vestirse pero solo con la ropa que él escoge (y muy posiblemente elegirá un abrigo de lana en pleno verano); tal vez se sienta tan feliz con su nuevo pijama que quiera llevarlo al kínder o posiblemente esté negado a que se le haga algún peinado y prefiera salir a casa de la abuela con el pelo totalmente alborotado. Mamá tiene que discutir para que el pequeño coma su desayuno, para que haga pipí en el baño; tiene que pelearse con él para meterlo a bañar y después tener una terrible discusión para sacarlo de la regadera. Nunca quiere irse a la cama, jamás quiere apagar la televisión y cuando se le lleva al parque se requiere más de media hora de promesas y amenazas para lograr traerlo de vuelta a casa.

Mamá está a punto de volverse loca, agotada física y emocionalmente, todo el día se lo pasa entre regaños y castigos, y cuando llega papá y quiere pasarle la larga lista de todo lo que ha ocurrido durante el día, papá prefiere jugar un rato con el pequeño y decirle a mamá que lo entienda, que está chiquito y que no sabe lo que hace. Claro, cuando llega el fin de semana y papá tiene que interactuar con el pequeño durante todo el día, comienza él también a perder la paciencia. En estos momentos puede presentarse una situación crítica, papá y mamá comenzarán a discutir frente al niño sobre quién tiene la culpa de que se esté convirtiendo en un malcriado... «que la abuela le permite todo», «que yo lo castigo y tú le levantas el castigo y te pones a jugar con él», etc.

Es muy normal que cuando se presentan estas etapas donde los niños entran en periodos de crisis, que ordinariamente están íntimamente relacionadas con la formación de su autonomía y de su identidad, ellos luchen contra toda forma de autoridad y reten de manera frontal a sus padres. Pero claro, en estas situaciones es indispensable que papá y mamá se consoliden, se unan y actúen de una misma manera para no dar mensajes contradictorios.

Es importantísimo que los padres comprendan que estas conductas de rebeldía y sus múltiples manifestaciones tienen un lugar importante en el desarrollo de la formación socio-moral así como la indispensable formación de la identidad. Esta etapa por más difícil que resulte, tiene lugar porque es necesaria para el proceso de convertirse en persona.

En esta etapa es importante prestar atención a tres cosas: a los berrinches, a las agresiones físicas y al momento de acostarse.

Los berrinches

Los berrinches o pataletas son posiblemente la característica típica del niño que está pasando por la crisis de los dos años de edad. De pronto, en el supermercado se escucha a un niño que parece que está a punto de morir, grita como desesperado, se revuelca en el piso y patalea, se arranca los zapatos y la ropa y queda semidesnudo frente a varias decenas de personas... Su madre totalmente imposibilitada para solucionar este problema, le suplica que deje de llorar y le dice que, a cambio, le comprará aquello que anteriormente le había negado. En el restaurante observamos a una niña que vomita justo a la mitad de la hora de la comida, porque ha pedido pastel de chocolate y a cambio, le han traído un plato con carne y verduras, el llanto ha sido tanto que ha terminado en vómito.

La gran mayoría de los niños de esta edad pasan por un periodo de negatividad que puede ser muy difícil de tratar y que se debe a que está desarrollando su propia identidad, sus primeros intentos de definirse a sí mismo como ser separado de su madre. Esta es una fase muy importante en la que el niño aprenderá a respetar, a obedecer y a controlarse en los años posteriores. Por ello es importante manejarla adecuadamente. Cuando un niño hace un berrinche tiende a sobreexcitarse, a perder el control, a volverse brusco; es posible que dé patadas o que comience a tirar lo que se encuentra a su alrededor. Algunas de estas actitudes harán sentir culpables a los padres y se preguntarán ¿qué hemos hecho para que este niño se comporte así?, otras veces los papás estarán más enojados que el mismo niño y armarán ellos también un tremendo griterío; otros padres se sentirán totalmente agobiados y sentirán que han perdido el control, y es entonces cuando vale la pena preguntarse «¿quién manda en esta casa?» ya que en casa se sentirá que hay una terrible ausencia de autoridad y de liderazgo.

Vale la pena tomar en cuenta las siguientes consideraciones:

a) Los berrinches son parte normal del desarrollo de los niños. Aunque a los papás les desagraden mucho, es muy probable que su hijo presente pocos o muchos berrinches durante su infancia. Lo importante aquí es saber qué hacer ante un berrinche.

b) Los berrinches tienen como objetivo confrontar al niño con sus padres y giran alrededor de aquellas conductas o acciones que los padres tratan de impedir que realice el niño o que el niño no quiere realizar y sus padres se lo exigen.

c) Los niños de esta edad son egocéntricos, por lo tanto, solo perciben su punto de vista y sus necesidades, no son capaces de «ponerse en los zapatos» de los demás.

d) Muchos berrinches son para salirse con la suya, pero otros son para llamar la atención. Muchas veces los niños aprenden que llamando la atención de manera negativa (haciendo un berrinche, mojándose los pantalones cuando ya han dejado los pañales, decir que les duele la pancita) obtendrán todo lo que necesitan. Estas conductas aprendidas a través del paso del tiempo han sido inculcadas por las reacciones que tienen sus padres ante estos eventos. Yo recomiendo ante las conductas negativas que, si estas no ponen en riesgo al niño y no son determinantes para su educación, es preferible ignorarlas, ya que con el tiempo tenderán a desaparecer porque no estarán cumpliendo con el objetivo de llamar la atención de los padres. Pero si los padres se enganchan con estas conductas, el niño notará que está logrando su objetivo y las realizará más frecuentemente.

e) Cuando el niño llora en un berrinche, está tratando de manipular a sus padres para que hagan lo que él quiere. Hay que saber distinguir claramente el llanto que tiene que ver con estas actitudes y no confundirlo con el llanto que pudiera ser ocasionado por problemas físicos.

Algunas sugerencias prácticas para afrontar estas situaciones son:

1. Utilice el «tiempo fuera» o una «sillita para pensar». Esta técnica fue creada para evitar que los niños sean el centro de atención, cuando están mostrando una conducta negativa. Consiste en pedirle al niño que se retire del lugar en el que se encuentra, junto al resto de los familiares, ya que no supo cumplir con las

reglas de convivencia familiar. Al retirarse a esa sillita, deberá permanecer ahí un minuto por año de edad (esto es, a los dos años, dos minutos). Es importante guardar la distancia y que el niño se dé cuenta de que nadie lo está observando. Al terminar el tiempo establecido, la madre o el padre deberán acercarse a él, agacharse y hacer contacto visual, y con una voz clara y firme, y un gesto en la cara de seriedad recordarle que no nos sentimos felices cuando él llora, grita o patalea, que queremos estar con él, pero que esto solo sucederá si él no vuelve a comportarse de esa manera.

2. No intente razonar con el niño cuando está a medio berrinche. Cuando un niño de esta edad se ha dejado llevar por su enojo, sus oídos dejarán de llevar información a su cerebro y estará terriblemente ofuscado por sus sentimientos. Es importante dejarlo ahí, en «el lugar de pensar» hasta que termine de llorar completamente y después darle el tiempo fuera (recordemos, un minuto por año) para finalmente, razonar con él.

3. Sea persistente y consistente. Habrá que repetirle cientos de veces que no le haremos caso mientras llore y que por más que grite no obtendrá lo que desea. Muchos padres terminan por cansarse y ceder a los pocos días que han empezado a controlar los berrinches. Esto hará que los berrinches regresen y con mucha más intensidad que antes. Cuando uno de los padres se sienta agotado y a punto de perder la paciencia, cédale al otro la figura de autoridad y tómese un descanso; más vale saber retirarse a tiempo que echar a perder todo el trabajo que ya se ha hecho los días anteriores.

4. Los papás debemos ser firmes: cuando usted promete algo, tiene que cumplirlo. Si se le ha establecido al niño el criterio de que por medio de llantos no se le hará caso, habrá que mantenerse firmes y no darle al niño el mensaje de que usted toma decisiones y no sabe mantenerse firme.

5. Vale la pena ofrecer una sonrisa, un apapacho y un fuerte abrazo, cuando el niño deja de llorar y se ha calmado. Es importante decirle que él es un niño amado por sus padres, pero que hay algunas conductas de él que no son de nuestro agrado y debe cambiarlas. Por otra parte, conviene mencionar que durante los días que se estén tratando de controlar los berrinches, habrá que motivarlo mucho cuando actúe de manera positiva y socialmente aceptada, y reforzar esa conducta para que el niño vea que atrae nuestra atención, que estamos al pendiente de él cuando se comporta de acuerdo con lo que nosotros esperamos. Debe sentir que reconocemos su esfuerzo.

6. Cuando vaya a salir a un sitio público como el supermercado o la casa de la abuelita, anticípele al niño que no permitirá ningún berrinche y que, si este ocurre, regresarán a casa y no podrá seguir disfrutando del paseo. Hay que recordar que lo que se ofrece se cumple. En ocasiones puede resultar terriblemente doloroso para los padres tener que retirar al niño de un sitio público, como por ejemplo, el cumpleaños de algún primito porque este ha roto la regla establecida de «no berrinches» y le hemos ofrecido como consecuencia regresarlo a la casa; sin embargo, tenemos que estar seguros de que lo que estamos haciendo, lo estamos haciendo por su bien y que el niño aprenderá que somos firmes y que no cedemos ante las presiones sociales. Este será un punto muy importante cuando nuestro hijo sea adolescente y las presiones sociales provoquen una constante tensión entre los padres y el hijo.

7. Hay que ofrecer alternativas. En algunas ocasiones podemos discutir con el pequeño sobre lo que va a comer, la ropa que se va a poner, la hora en que se va a dormir, etc. Recomiendo ampliamente ofrecer alternativas y jerarquizar todas las situaciones que durante el día generan tensión entre padres e hijo. En el verano es más fácil darle a elegir entre dos prendas de ropa que cumplan con los requisitos que la temporada exige, en vez

de pelearnos porque quiere salir con el abrigo puesto. Hay que evitar que la relación con nuestro hijo se vuelva tan negativa y tan desgastante que el niño esté cada vez más agotado, necio y exasperado, y que los padres se sientan cada vez más agobiados y hartos del ambiente familiar.

No olvidemos reflexionar sobre el lenguaje, que en esta etapa está en pleno desarrollo a nivel interno. El niño comprenderá más palabras de las que es capaz de pronunciar y muchas veces ante la frustración de no saber expresar sus deseos, llorará. Es importante enseñarle a distinguir sus estados de ánimo, que sepa identificar que en algunas ocasiones se siente cansado o molesto, que se encuentra sensible o irritable, pero que siempre será más fácil comunicarse a través de palabras que de gritos y llantos. Todos los padres deben estar conscientes de que lo que están buscando formar es la inteligencia y la voluntad de su pequeño, así como enseñarle por medio de la voluntad a controlar sus emociones. Cuando los padres de familia tienen claro este objetivo, sabrán que deben hablar con él y explicarle las situaciones por las que está pasando, así como hacerle ver que los sentimientos fuera de control se convierten en actitudes desagradables para los demás.

Las agresiones físicas y las mordidas

Tratar de evitar que un niño muerda o agreda físicamente a los demás es posiblemente la primera lección de autocontrol que se le debe dar a un niño. Los padres tienen que reaccionar inmediatamente cuando ocurra la agresión física, retirar al niño del espacio en donde ocurrió la agresión, darle tiempo para pensar que con su conducta lastimó y causó dolor a otro pequeño, procurar que se sienta empático con el niño lastimado y que participe ayudando a curar la herida del otro, siendo muy firmes en explicarle que esa conducta no la vamos a permitir y que si él vuelve a presentarla, dejará de jugar con los amigos.

Es importante que todo esto se realice inmediatamente después de que ocurre la falta y que los padres muestren en su rostro y en su voz un tono firme y con autoridad. No se trata de causarle temor al niño o angustia, porque muchas veces el niño no entiende por qué actuó así. Se trata de ir sentando el precedente de que hay conductas aprobadas y otras conductas que son rechazadas y que la agresión física y la mordida no serán permitidas en el hogar o en el kínder. Se recomienda no hablar del tema de las mordidas delante del niño para evitar promover la conducta y darle un poco de tiempo para que vaya dejando de hacerlo. Es importante también revisar si el niño no está bajo algún tipo de tensión, como el próximo nacimiento de un hermanito o quizá el viaje prolongado de uno de los padres, ya que la mordida podría ser síntoma de ansiedad[13].

Hay que recordar que uno de los elementos más importantes de aprendizaje que tiene el niño de esta edad es la imitación. Si en el salón de clases uno de los niños muerde constantemente, muy probablemente el resto sus compañeros también lo hará en un corto plazo de tiempo.

El momento de acostarse

Otro momento que inquieta a los padres y en donde se ve más deteriorada la figura de autoridad, es precisamente el acuerdo sobre la hora de acostarse. Un niño nunca estará lo suficientemente cansado para pedir ir a la cama y los padres de ese niño muchas veces suplicarán que llegue la hora de que se duerma. En ocasiones la madre pasa todo el día con el pequeño y se siente terriblemente agotada, y espera con ansia que llegue el momento de acostarlo, pero el padre ha pasado todo el día en el trabajo y él espera también ansioso el momento de poder llegar a la casa a jugar con el pequeño, aunque el horario ya no sea precisamente el adecuado para que un niño pequeño esté despierto. Todo ello puede provocar problemas entre papá y mamá. El niño está observando si uno de los dos padres se muestra más débil y cede para tratar de convencerlo de permanecer despierto.

Hay que tomar en cuenta también que el pequeño de esta edad presenta algo de ansiedad por la separación que implica ir a la cama, aunque lo que más comúnmente se observa, es simplemente la resistencia para acostarse. Con los niños que alargan la hora de ir a la cama, que piden que los lleven al baño, que les suban un vaso con agua, que tienen miedo, lo mejor es que papá o mamá, de forma cordial pero firme, le explique antes de acostarlo que deberá ir al baño y deberá tomar agua, porque una vez que le den las buenas noches, se quedará acostado y sus padres ya no regresarán a pesar de sus múltiples peticiones. El niño podría incluso llorar, pero si es un llanto que no muestra angustia o miedo, los padres pueden dejarlo unos minutos y evitar volver, y así el niño aprenderá la lección de manera inmediata. De otra manera, esta situación puede prolongarse de manera indefinida[13].

Otra situación que se presenta con mucha frecuencia es cuando el niño ya no utiliza la cuna y que ahora que duerme en una cama separada se pasa por las noches a dormir con los padres. Como vimos al principio de este capítulo, cada niño es un ser totalmente diferente a otros, nunca reacciona igual ante las mismas situaciones, por lo tanto resulta difícil definir una sola acción para solucionar un mismo problema. Cuando el niño duerme en cuna, pasa por diferentes periodos del tipo de sueño, en donde puede pasar de sueños ligeros a profundos, en diferentes periodos de la noche.

Un niño de aproximadamente dos a tres años de edad debe dormir entre diez y trece horas diarias con un período de siesta que irá desapareciendo poco a poco. En un artículo de internet titulado

«¿Cómo es el sueño infantil?» encontramos que la neuropsicología ofrece muchos datos importantes sobre el sueño. Se sabe que el sueño está dividido en cuatro etapas que van profundizando progresivamente y cada una de ellas dura aproximadamente noventa minutos y siempre en un mismo orden: sueño más ligero y corto, seguido de uno más profundo y largo. Es en esta segunda fase cuando el organismo logra restablecer las fuerzas gastadas a lo largo del día. En los niños también ocurre la sucesión de estas etapas y conforme el bebé vaya creciendo, lo normal es que los sueños ligeros y cortos vayan disminuyendo y que los periodos de sueño profundo, placentero vayan aumentando. Si el niño se despierta durante el periodo ligero de sueño y le permitimos que encuentre solo la manera de mantenerse en la cuna o cama, pronto aprenderá a dormir totalmente solo y sin necesidad de darle un chupón a medianoche o de ir a cargarlo.

Lograr que el niño concilie el sueño es una tarea difícil, pero si se respeta su ritmo de dormir, todo será más fácil. Los papás deben crear un ambiente propicio para que el niño consiga dormir. Si el niño no duerme lo suficiente o si su sueño no es reparador y vemos que el niño se levanta con dolor de cabeza, le cuesta mucho despertar, pasa mucho tiempo sin despejarse, lo vemos con somnolencia diurna, debemos ir con el médico. Hay que distinguir entre una dificultad de nuestro hijo para dormir, que puede estar presentándose como un problema físico, y el comportamiento típico a la hora de acostarse: los berrinches, las desobediencias, las peticiones, etc. En esta valoración veremos que no es lo mismo que el niño quiera quedarse con nosotros a jugar un poco más, a que realmente el niño no pueda permanecer dormido durante toda la noche, aun cuando ya está cerca de los tres años de edad.

Uno de los puntos fundamentales que los padres deben tener en cuenta a la hora de acostar a sus hijos, es la creación de una rutina o regla en la que se deben tomar en cuenta los siguientes aspectos:

- Establecer una hora regular para acostarse.
- Ser firmes y consecuentes a la hora de seguir esta regla.
- Prever todas las situaciones que el niño aprovechará para pedirnos que nos quedemos con él y hacérselo saber antes de llevarlo a la cama.
- Al llevarlo a la cama, ofrecer un motivador si pasa toda la noche en ella y no se para ni una vez.
- El momento de ir a la cama debe ser un momento agradable y tranquilizador, no una lucha de poderes.
- Durante las primeras horas de sueño, si el niño llora o les llama, ignórenlo, a menos que sea una señal de urgencia o de miedo. Cuando se levante y vaya con ustedes, llévenlo de vuelta a su habitación, no lo regañen ni le griten. Pueden decirle: «esta es tu cama, tienes que quedarte aquí, si te levantas te traeré de vuelta otra vez». Hagan esto cuantas veces sea necesario, obtendrán resultados en muy pocos días[13 y 22].

No olvidemos motivar siempre a nuestro hijo cuando logre una conducta como «dormir solo en su cama» y recordemos lo importante que es que papi y mami estén absolutamente de acuerdo en el manejo que le darán a cada una de las situaciones antes mencionadas. Los consejos anteriores son exclusivamente sugerencias para manejar reglas claras y firmes con niños de esta edad y en este tipo de situaciones. Cada pareja debe adecuarlas y personalizarlas a cada uno de sus hijos, tomando en cuenta su edad, su personalidad, etc.

Debemos evitar caer en una educación autoritaria y severa, que pretende corregir por medio de amenazas y prohibiciones. Estaríamos educando a nuestro hijo a través del miedo. Es pedagógicamente más efectivo poner límites, definir normas y exigencias en un número reducido y sencillo. Esto nos permitirá mantenerlas con firmeza y asegurar su aceptación y cumplimiento, siempre en acuerdo con nuestra pareja.

«Todos lo hacen... menos yo» (la pubertad)

Entre los diez y los doce años de edad empiezan a presentarse ciertos cambios en los niños y las niñas.

Este periodo de tiempo llamado pubertad es un parteaguas entre aquella infancia tranquila que se ha venido viviendo desde antes de los cinco o seis años y el inicio de una etapa difícil llamada adolescencia y que se puede prolongar hasta los veinte años de edad.

La pubertad se presentará antes en las niñas que en los niños. Se espera que aproximadamente cuatro años antes de que venga la primera menstruación, las niñas presenten cambios en su carácter. Lo mismo sucede con los niños, solo que unos años más tarde. Tal vez algún día, cuando tu hija tenga once años, comenzará a llorar sin parar, solamente porque tiene ganas de hacerlo o al finalizar sus diez años de edad deje de comer porque es «la más gorda» de sus amigas y ningún niño quiere platicar con ella. Podrás también descubrir a tu hijo de doce años pasar más de media hora frente al espejo tratando de arreglar, sin lograr muchos resultados, los «picos» de su copete despeinado.

En esta etapa, los niños se encuentran oscilando entre la infancia y la adolescencia, y no acaban de tener los elementos suficientes para ser adolescentes, pero ya han dejado gran parte de las características de la etapa anterior. Es importante señalar a los padres que la infancia es una etapa hermosa y cada vez más corta, y por lo tanto deben motivar a los preadolescentes a disfrutar los últimos días que les quedan de juego y de infancia.

Es importante educar en el respeto en la forma de vestirse,

en la manera de contestarle a papá y mamá, en la relación entre hermanos, en el tiempo dedicado al estudio y a la convivencia familiar, para que no se vean afectados por este cambio que está comenzando a surgir y que llevará al hijo a dejar, cada vez más, el nido del hogar y a pasar más tiempo con sus amigos.

También es muy importante hablar con ellos sobre los cambios físicos que están experimentando en su cuerpo, para ir formándolos en la abstinencia, el pudor, el respeto a su cuerpo y al cuerpo de los demás. Vale la pena que los padres sean cercanos y vayan viviendo con el hijo este periodo de turbulencia, conociendo claramente sus inquietudes y mostrándose siempre dispuestos a orientarlos.

Este periodo será la puerta a la adolescencia que durará muchos años más y de la cual hablaremos a continuación.

«No me trates como niño... yo sé lo que hago» (la adolescencia)

La adolescencia es un periodo de transición, una etapa de desarrollo que marca el fin de la infancia y que prepara a nuestros hijos para la edad adulta. Muchos autores han descrito esta etapa de forma negativa, llenando a los padres de miedo; otros la minimizan y dicen que es el resultado de la industrialización. Según ellos, en las comunidades agrícolas o indígenas los niños, una vez que han concluido sus cambios físicos y sexuales, comienzan a desempeñar los roles de adulto. En esas circunstancias, la etapa de la adolescencia prácticamente no existiría.

Sería difícil dar una sola definición sobre la adolescencia, pero podemos decir que es la etapa que se inicia con los cambios a nivel físico y que termina cuando los cambios a nivel psicológico, social y espiritual han dado como resultado un adulto íntegro, maduro e independiente.

Es cierto que la adolescencia se prolonga por más tiempo, sobre todo en el medio urbano y específicamente en aquellos que tienen mayor acceso a la educación, ya que se ha ampliado el tiempo de estudio y especialización profesional, y los estudiantes siguen siendo dependientes económicamente de sus padres mucho más allá de los veintiún años.

En la pubertad, nuestros hijos no son conscientes de lo que les está ocurriendo y desconocen muchas de sus habilidades. En la adolescencia son plenamente conscientes de sus habilidades y buscan ponerse a prueba constantemente, así como poner a sus padres y maestros a prueba en relación con el manejo de la autoridad. En esta etapa tienen un enorme deseo de libertad y autonomía. El adolescente ya no quiere seguir la autoridad paterna, pero la necesita, porque requiere de líderes a quienes imitar, alguien que represente un modelo a seguir.

Los modelos que presentan los medios de comunicación están totalmente lejos y distantes de sus padres. Esto trae constantes fricciones entre padres e hijos. Este es el momento en el que los padres debemos asumir el rol de modelos y demostrarles que siendo una persona sencilla y normal se puede vivir una vida hermosa e intensa, y que podemos lograr la total realización como personas siguiendo aquel camino de valores y virtudes. Sin embargo aquellas estrellas de cine y televisión que viven vidas exuberantes, llenas de bienes materiales, alcohol y drogas, resultan ser muy contradictorias con el perfil de vida que llevan papá y mamá[3 y 13].

Alguna vez mencionaba yo en una conferencia que la adolescencia es equivalente a la metamorfosis que sufren los gusanos para convertirse en mariposas y que todo este tiempo que el adolescente se encuentra encerrado en sí mismo, es porque está tratando de descubrir cuáles serán esas alas hermosas que lo acompañarán por el resto de su vida; es tiempo para encontrarse a sí mismo, para descubrir quién es. La búsqueda de la identidad es un viaje que dura toda la vida: surge en el momento mismo del nacimiento pero acelera importantemente su velocidad durante la adolescencia. Como Erik Erickson (1950) señala, «este esfuerzo para lograr el sentido de sí mismo y del mundo no es un tipo de malestar de madurez, sino por el contrario, un proceso saludable y vital que contribuye al fortalecimiento total del ego del adulto».

En esta edad, el joven pasará cada vez más horas del día fuera de la propia familia; estará más tiempo en la escuela y con los amigos que con sus padres y con sus hermanos. A medida que el adolescente se vaya separando cada vez más de sus padres y vaya viviendo nuevas experiencias sociales, la gama de amigos y de influencias se irá extendiendo, y se aumentarán los contactos con otras personas. Poco a poco, el adolescente se irá separando emocionalmente de su propia familia, se irá distanciando parcialmente de sus padres para adentrarse por completo en la adultez.

Sin embargo, esa necesidad de ser ellos mismos y de ser individuos diferentes a su padre y a su madre se contrapone con la enorme atadura que el adolescente genera hacia su grupo y todavía más hacia sus amigos. Notamos que los adolescentes suelen depositar toda su confianza en sus amigos y seguir los dictados de estos. Saben también que su grupo de amigos les ayudará a realizar deseos que papá y mamá no les permitirían. Por lo tanto, se sienten reprimidos al imaginarse cerca de sus padres y esperan escapar de esta represión a través de la desobediencia, el alejamiento y el reto a la autoridad.

En esta etapa se refleja el manejo que se dio a la infancia del niño, ya que si en la casa se manejó rigidez o una excesiva permisividad, al adolescente le va a resultar muy difícil superar la crisis de identidad. Podrá convertirse en una persona sumamente agresiva o dejarse influenciar por el grupo. Entonces, el adolescente se siente deprimido al perder su ser infantil y al ver que sus padres, y los demás adultos, no son aquellas figuras que idealizaba; entonces busca otras personas que admirar.

Muchos padres no saben cómo actuar y no encuentran cómo

formar un ambiente donde la autoridad sea reconocida, donde la disciplina y el respeto se vivan en el hogar. Los padres comienzan a negociar o a implementar ciertas estrategias para tratar de recuperar la autoridad; muchas veces estas estrategias usan la coerción, los gritos, las amenazas o el chantaje.

Desafiar la autoridad del papá ante los demás le permite al adolescente adquirir seguridad frente a sus amigos y, dependiendo de la actitud que asuman los padres, su autoridad puede verse cada vez más debilitada y el hijo, al contrario, tiende a ganar más confianza y seguridad para retarlos.

Muchas veces los padres nos dedicamos a soportarlo todo, a convertirnos en auténticos proveedores de todos los más pequeños deseos de nuestros hijos adolescentes. Ante la enorme dificultad de comunicarnos con ellos y de poder establecer la figura de autoridad, optamos por minimizar los problemas, evitando al máximo las fricciones y cediendo ante todos sus deseos para tenerlos contentos. Obviamente, los hijos conocen esta situación y se aprovechan de ella. Esto también puede suceder cuando hay conflictos en el matrimonio: el adolescente utiliza esos conflictos para ganar terreno y sacar provecho. Muchos padres, en especial las mamás, piensan que siendo dóciles y serviciales, poniéndose a los pies de sus hijos, lograrán que estos tengan cierta compasión por ellas y opten por obedecerlas y portarse bien. Inclusive llegan hasta las lágrimas tratando de chantajear al adolescente para que cumpla con sus obligaciones o llegue a la hora pactada a casa. Esto no habla ni de paciencia, ni de ejemplo, sino habla de descalificarse por completo. El callarse y soportarlo todo, esperando que el tiempo resuelva los problemas de ninguna manera es una solución.

Otras veces, los padres intentan disciplinar a su adolescente criticándolo. Cuando un hombre o una mujer son constantemente criticados por sus padres, se empiezan a generar sentimientos de inferioridad o de agresividad. Es importante hacerle ver aquellas actitudes y acciones en las que se está equivocando, pero es muy diferente criticar estas actitudes y acciones que criticarlo a él como persona. Los adolescentes se quejan constantemente de sus padres: «mis padres han dejado de quererme, critican todo lo que hago, todo lo que digo, cómo me visto, con quién salgo y lo único que sé es que los tengo hartos». Cuando se busca corregir actitudes, el cuidado con el que se dicen las cosas, la disciplina y el amor tienen que ir juntos.

Nuestros hijos tienen que estar seguros de que los amamos, pero también tienen que estar seguros de que nosotros tenemos el control sobre ellos y obviamente esto es complicado. Si logramos comunicarnos adecuadamente con nuestros hijos y que ellos entiendan que nuestros comentarios son acciones positivas que se derivan de nuestra responsabilidad como padres, y que tenemos confianza en que ellos tendrán poco a poco las herramientas para ir corrigiendo aquellas situaciones en las que se equivocan, lograremos mucho más que haciéndoles sentir mal por medio de críticas ácidas. Tenemos que reconocer aquellas cosas que saben hacer bien en vez de hablar todo el tiempo de las cosas que no nos gustan o que las hacen mal.

El modo en que disciplinamos a nuestros hijos muchas veces depende de la imagen mental que tenemos de ellos. Si desde pequeño le hemos hecho sentir que es terrible, que nadie lo aguanta y que ha nacido para ser rechazado por rebelde, al llegar a la adolescencia se habrá convertido exactamente en aquello que durante años fuimos recalcando. El adolescente necesita un importante balance entre sentirse controlado y sentir que confían en él. La disciplina no es simplemente imponer reglas de comportamiento, sino el convencimiento de nuestros hijos de que en la sociedad existen reglas y que existen para facilitar la convivencia, y que deben de seguirse por sí mismas, por el bien que representan para todos.

Disciplinar a los adolescentes es definitivamente un proyecto que tuvo que haberse iniciado en la infancia y que durará toda la adolescencia. Debemos tener claro nuestro objetivo: lograr aquel «adulto maduro, autosuficiente y responsable» del que hablábamos anteriormente. Al disciplinar a nuestro hijo adolescente, lo que estamos buscando es contribuir a que desarrolle modelos internos que le ayuden a juzgarse a sí mismo, a juzgar su conducta y a juzgar la conducta de los demás. Deseamos que desarrolle un criterio propio y justo, basado en los valores y las virtudes humanas, no en el relativismo en el que nos vemos inmersos actualmente. Deseamos enseñarle a nuestro adolescente que sea capaz de decidir por sí mismo qué es lo que quiere hacer y por qué lo debe hacer. Es necesario que comprenda que hay conductas censurables y comportamientos aceptables, que hay momentos para divertirse y momentos para estudiar y trabajar. En otras palabras, lo que deseamos es hacer valer nuestra autoridad sin involucrarnos en una lucha de poder con nuestro adolescente.

Normalmente, cuando en una familia los padres y el adolescente riñen a diario, y hay una lucha de poder para ver quién puede lastimar y ofender más al otro, se han perdido por completo los objetivos de la disciplina y lo único que se busca es demostrar quién «gana». Los padres buscarán consecuencias que le «duelan» al hijo para que no lo vuelva a hacer y el hijo buscará demostrarles a sus padres que por más que lo presionen no logran lastimarlo, y tratará de exasperarlos. El hijo, enfadado y humillado, deseará castigar a sus padres retirando su amor y su confianza. No volverá a hablar con ellos, no habrá ninguno de los gestos o caricias acostumbrados[21].

Hay que disciplinar sin agredir ni abusar de nuestros hijos. Hay que intentar disciplinarlos dejando abierta la puerta a la comunicación. Hay que hacer un enorme esfuerzo por apaciguar la ira que en ocasiones genera un adolescente que te reta cara a cara. Los comentarios constantemente negativos de las conductas que presenta nuestro hijo crean un ambiente incómodo, más aún, son contraproducentes, ya que ordinariamente conducen a incrementar los malos comportamientos y las faltas de respeto. Si los comportamientos de nuestro hijo son cada vez peores y los castigos, las amenazas y los gritos aumentan, muy posiblemente estamos en una guerra campal de poder y nos estamos alejando cada vez más de nuestro objetivo de formar a una persona madura.

Lo más efectivo que podemos hacer es establecer modelos claros de confianza en nuestro adolescente para que sea capaz de responder a nuestras expectativas y ayudarle cuando no lo logra. Debemos expresarle que lo amamos y que aprobamos muchas cosas que hace, mostrando interés en sus actividades, sus amigos, etc.

Los problemas más comunes entre padres y adolescentes son los siguientes:

Dificultades en la comunicación

Este es el momento en que la mayoría de los adolescentes se sienten «incomprendidos» ya sea porque sus padres critican sus conductas o porque no les dan la libertad que desean y los siguen tratando «como niños». Para lograr estos objetivos, la mayoría de los adolescentes tienden a retar la autoridad y violar las reglas; los padres tienen que ser más exigentes e inflexibles, y endurecer la relación con los hijos. Para evitar estas dificultades de comunicación y que este sentimiento de incomprensión se convierta en un verdadero problema, que haga inclusive que los hijos huyan del hogar, debemos tomar en cuenta los siguientes criterios:

a) Dedicarle tiempo a los hijos para desarrollar vías de comunicación. Esto se logrará compartiendo con ellos sus aficiones, invitando a sus amigos a la casa y conociéndolos por su nombre, buscando invitarlos a solas a cenar y sobre todo escuchando. Los padres tendemos a hablar mucho más de lo que escuchamos y en esta etapa debemos cerrar la boca, prestar atención a lo que nos dicen: escuchar, escuchar, escuchar.

b) Hay que tratar de comprender al adolescente y su necesidad de más libertad. Debemos hacer el firme propósito de permitir que vaya tomando pequeñas decisiones, que participe en diferentes elecciones, pedirles su opinión en asuntos importantes y hacerle sentir que ya es grande y que estamos orgullosos de él.

c) Demostrar a nuestro adolescente que confiamos en él y evitar convertir los momentos de conversación en interrogatorios interminables.

d) Mantener la rienda lo suficientemente floja para no ahorcarlos pero no tanto como para perderlos. Recordemos que las burlas, los insultos, los gritos y amenazas, los sermones, la superioridad, las descalificaciones, las faltas de respeto, representan enormes barreras en la comunicación con nuestros hijos.

Los amigos

Los amigos son muy importantes para el adolescente y de alguna manera son un espejo también de nuestro propio hijo. Si los amigos son buenos, estudiosos, deportistas, responsables, muy posiblemente nuestro hijo será igual. Si los amigos no manejan horarios en su casa, consumen alcohol y drogas, acostumbran mentir, muy posiblemente también nuestro hijo estará actuando igual. De ahí la importancia de conocer a los amigos con los que tu hijo acostumbra pasar el tiempo. Debemos permitirles que se reúnan en casa, para poder conocerlos bien. Es normal que los padres nos preocupemos por el tipo de amistades que tienen nuestros hijos porque sabemos la enorme influencia que ejercen sobre ellos, pero a veces los prejuzgamos, tal vez por su apariencia física o tal vez porque los conocemos muy poco[23].

También es muy conocido para los adultos que las primeras y más grandes amistades se forjan en la adolescencia. En esta etapa se consolidan lazos que pueden durar toda la vida. Los amigos le ofrecen a nuestro hijo un alimento que nadie más que ellos pueden darle. Nada más difícil de afrontar que un adolescente que se siente rechazado y aquí es donde se presenta una dualidad en relación con los amigos de nuestros hijos: por una parte nadie quiere ver a su adolescente encerrado en la casa, sin recibir ni una sola llamada telefónica, sin vida social y que se queje constantemente de que nadie le invita y de que todos lo rechazan. Y por otra parte, la terrible presión de un grupo que está arrastrando a tu hijo poco a poco, que lo ves haciendo cosas que antes no hacía, que comienza a descuidar sus estudios y el deporte, y que pasa horas enteras del día reunido con su «grupito» sin ningún provecho[4].

Necesitamos ayudar a nuestro hijo a que desarrolle habilidades sociales que serán determinantes en su futuro, pero también tenemos que enseñarle a distinguir lo que le conviene y lo que no le conviene. Debemos recordar que a esta edad la elección de las amistades es una decisión muy importante y que cuando los padres tratan de elegir a los amigos del adolescente, este se revela y actúa uniéndose más a sus amigos y alejándose de los padres. Por eso, aunque a veces los padres no estemos de acuerdo con los amigos que nuestros hijos han elegido, debemos evitar ser bruscos y agresivos y, por el contrario, debemos procurar el diálogo en el que el adolescente tome en cuenta cuales pueden ser las consecuencias de una amistad negativa o destructiva. Se puede aconsejar o motivar a la reflexión, pero nunca imponer, porque la imposición puede llevar a nuestros hijos a mentirnos y esconder estas relaciones porque saben que nos desagradan o puede provocar que se rompa la comunicación.

Por eso, como padres, debemos darnos la oportunidad de conocer a los amigos de nuestros hijos, debemos animarlos a que se reúnan en la casa, debemos invitar a los amigos a que viajen con nosotros y participen en actividades en las que podamos interactuar con ellos por tiempo prolongado. Debemos evitar hablar mal de los amigos. Solo debemos hacer referencia sobre los hechos o las situaciones objetivas más que de las personas en sí, para evitar que sientan que estamos agrediendo a sus amigos. Debemos enseñar a nuestros hijos a que cultiven y aprecien la verdadera amistad, a que vivan la lealtad y la sinceridad en sus relaciones sociales, a que sean empáticos con el sufrimiento de sus amigos. Estas serán herramientas valiosísimas para la formación de nuestro hijo. Debemos recordar que la amistad es un valor y el ser un buen amigo y tener un buen amigo, es un regalo de Dios.

Las adicciones

El tabaco

Existen adicciones llamadas «blandas» o socialmente aceptadas y adicciones como las drogas que son socialmente rechazadas. Muchas veces a los padres de familia no les importa mucho que sus hijos fumen. De hecho, las estadísticas indican que es en la adolescencia cuando la gran mayoría de los adictos al tabaco comienzan a fumar. Actualmente, no es tan bien visto fumar como lo era anteriormente: sin embargo, sigue siendo un vicio importante que comúnmente inicia en la adolescencia y que puede durar toda la vida, y que daña la salud. Muchos adolescentes fuman por imitar a sus amigos o porque sus papás fuman o porque quieren sentirse «más grandes». En relación con el tabaco, hay que tomar medidas preventivas para desarrollar una mentalidad que les ayude a no caer en este vicio. También debemos tomar conciencia de que nuestro ejemplo será determinante para que un adolescente empiece o no a fumar.

Debemos tomar una actitud de rechazo ante el tabaco y promover en nuestros hijos el deporte como una excelente alternativa.

El alcohol

El alcohol es otra droga «blanda», de esas que son socialmente aceptadas. Los adultos muy frecuentemente utilizamos el alcohol en todo tipo de eventos sociales, familiares e inclusive deportivos. Nuestros hijos crecen rodeados de publicidad que los invita a consumir alcohol y asocian el consumo de alcohol al hecho de ser adulto. A pesar de que en la sociedad existen reglas que impiden que los menores de edad consuman alcohol, es relativamente fácil conseguirlo. Prácticamente en cualquier casa es posible encontrarlo. Las estadísticas indican que la gran mayoría de los adolescentes ha tomado alguna bebida alcohólica antes de los quince años y que muy posiblemente antes de los dieciocho habrán de embriagarse por lo menos una vez al mes. Muchos adolescentes consumen alcohol todos los fines de semana y frecuentemente son sus padres quienes lo promueven[30 y 23].

Por otra parte, muchas personas que se encuentran en tratamientos de rehabilitación por abuso de drogas, aceptan haber iniciado consumiendo alcohol y después haberlo mezclado con drogas psicotrópicas para obtener «mayor efecto».

Normalmente el adolescente comienza bebiendo cerveza y después consume licores con mayor concentración de alcohol. Muchas veces su sabor no les parece agradable y lo mezclan para soportarlo. Existen varias rutinas para evitar ser detectados por los padres como mascar chicle, masticar papel o beber solo vodka. El consumo de alcohol también está asociado con los accidentes automovilísticos y con promover y facilitar la actividad sexual en el adolescente. Esto último porque se desinhibe y, estando bajo los efectos del alcohol, se atreve a hacer cosas que en su sano juicio no haría. La presión del grupo en este sentido es determinante.

La mayoría de los adolescentes consumen alcohol para obtener reconocimiento y estatus social por parte de sus iguales. El que «aguanta más alcohol», se convierte en el ídolo a imitar.

Ante esta situación, como padres, debemos tomar ciertas medidas de prevención. Consideremos que nuestros hijos pueden incluso perder la vida al conducir alcoholizados. Necesitamos establecer límites y reglas claras en relación con el consumo de alcohol[3]:

a) Hablar con nuestro adolescente para establecer reglas claras para el consumo de alcohol. Más vale anticiparnos a las situaciones que tratar de actuar cuando los sucesos ya hayan ocurrido.

b) No promover el consumo del alcohol de nuestros adolescentes en casa. Ocurre con frecuencia que algunos padres permiten a sus hijos y a los amigos de sus hijos beber en su casa, con la idea de que estén más seguros. En muchas ocasiones estos jóvenes son menores de edad y no cuentan ni con la autorización de sus padres, ni con la autorización de la sociedad para consumir alcohol. Por tanto, estos adultos están infringiendo reglas importantes y están poniendo mal ejemplo a sus hijos.

c) Evitar que nuestro adolescente cuente con dinero de más y con demasiado tiempo de ocio.

d) Esperarlo cuando llegue de una fiesta o reunión social, saludarlo y platicar con él, para poder evaluar si consumió o no bebidas alcohólicas. Muchos adolescentes que llegan a su casa alcoholizados se dirigen directamente a sus habitaciones para evitar ser detectados por sus padres o se quedan a dormir en otras casas.

e) Tener control sobre el alcohol que existe en casa.

f) Establecer consecuencias claras en relación con el consumo de alcohol, de manera que el adolescente sepa que hay un límite que debe respetar y una consecuencia si no lo respeta.

Las drogas

Posiblemente una de las mayores preocupaciones que tenemos los padres de adolescentes es el consumo de drogas. Vivimos en un mundo donde la cultura de la droga ha ido en aumento. Existe una gran oferta de sustancias que se consiguen con gran facilidad.

Nuestros adolescentes están inmersos en esta cultura de drogas. Existen libros, revistas y películas que incitan a consumir todo tipo de drogas. Es muy común que el protagonista de alguna novela o de alguna película sea un adicto atrayente. La droga es presentada como una costumbre social agradable entre amigos y como una forma de liberarse de los problemas, incluidos la soledad y el aburrimiento. La droga es un problema juvenil. Muchos adolescentes y jóvenes que se drogan ven las sustancias tóxicas como una necesidad, esta necesidad es suscitada por factores de tipo social.

Se han perdido de manera fundamental los valores y esta pérdida hace que las personas tengan cada vez menos sentido en su vida. También hay que tomar en cuenta que, cuando el adolescente está sufriendo su crisis de identidad, la droga puede hacerle olvidar por momentos sus problemas internos y externos.

Lo más inquietante de este tema es que en cualquier esquina y en cualquier momento les van a ofrecer droga, y que nuestros adolescentes tendrán que rechazarla por sí mismos. Para darles a nuestros hijos esta capacidad tenemos que formarlos, tenemos que darles herramientas para que puedan actuar correctamente y decidir por sí mismos que la droga no es una opción. Habrá que ofrecerles una familia unida, con una buena comunicación, con ocupaciones y actividades que los mantengan sanos, darles responsabilidades en la casa y enseñarles valores espirituales que los ayuden a salir adelante en esta cultura de las drogas.

Aquí hay algunos consejos que podrían ser de utilidad:

a) Hay que hablar con nuestros adolescentes acerca de las drogas; abordar el tema dentro de la familia con transparencia y con información para ayudarles a resolver sus dudas; generar un ambiente de confianza, evitando que el tema sea un tabú dentro de la casa.

b) Conocer a sus amigos y saber si hay uso de drogas dentro de su grupo.

c) Estar al tanto de su rendimiento académico, de algún cambio significativo en su conducta, del abandono de amigos que tenía desde hacía años y que ahora se junte con grupos nuevos, que comience a bajar de peso (esto ocurre cuando se consume cocaína o crack) o que presente un apetito exagerado (esto ocurre cuando se consume mariguana).

d) Ojo cuando en la casa empiecen a desaparecer bienes materiales o dinero.

e) Atención si se encuentra más irritable, decaído, o si pasa la mayor parte del tiempo encerrado en su recámara, sin querer participar en ninguna actividad.

f) Si creen que su adolescente está consumiendo alguna droga, lo peor que se puede hacer es actuar impulsivamente para confrontarlo o agredirlo. Así solo se agrava el problema y se bloquea la comunicación.

g) Dependiendo de la gravedad del caso, es bueno considerar la búsqueda de ayuda profesional. Es importante hacerle saber al adolescente que no tiene nada de deshonroso acudir con profesionales. Lo peor que podría pasar sería querer ignorar el problema[19].

El noviazgo

Otro motivo de conflicto dentro de la vida del adolescente con sus padres tiene que ver con el noviazgo. El noviazgo es la escuela del matrimonio. El matrimonio cada vez se da a mayor edad debido a que los adolescentes, y luego jóvenes, posponen la edad para graduarse profesionalmente y ser independientes económicamente. Esto hace que el noviazgo en la adolescencia, sobre todo en los primeros años, no tenga mucho sentido, ya que están muy lejos de su objetivo final que es el matrimonio. Lo mejor es sugerirles a nuestros hijos que cultiven verdaderas amistades, que aprendan a profundizar y a dialogar con otras personas para llegar a un mejor conocimiento mutuo sin tener que formalizar esa relación en un «noviazgo». Es importante señalar reglas claras en este sentido, porque muchas veces los mismos padres promueven en los hijos estas relaciones amorosas. Y este tema del noviazgo se complica por la inmadurez de los muchachos, la falta de horarios, el exceso de alcohol y otros factores más como la sensualidad en el ambiente y la constante motivación por parte de los medios de comunicación hacia el sexo prematrimonial.

Los padres debemos saber que nuestros hijos adolescentes tienen que relacionarse con personas de ambos sexos y no debemos oponernos a estas relaciones. Sin embargo, tenemos que ocuparnos de brindarles una formación adecuada y buscar ocasiones para platicar con ellos acerca de la pureza dentro del noviazgo, el significado de la sexualidad y su orientación hacia el matrimonio; del riesgo del embarazo en adolescentes, y de lo importante que es el respeto y el pudor dentro de una relación de noviazgo[3].

También habrá que sugerirle a los hijos adolescentes que tengan especial cuidado de no ponerse en situaciones de peligro, como salir solos, frecuentar sitios aislados y consumir bebidas alcohólicas o drogas. Habrá que promover las actividades en grupo, las fiestas en casas donde haya adultos responsables, la participación en actividades parroquiales o sociales de beneficio a la comunidad, la práctica de deporte, etc. En este tema, como en los demás, resulta de gran importancia que los padres ejerzan su papel de autoridad, que orienten a sus hijos para vivir de una manera sana y hermosa su relación de noviazgo. Es difícil establecer a qué edad un noviazgo es prematuro, sin embargo hay que pedirle a nuestro adolescente que no juegue al amor, sino hasta que sepa gobernar sus propios impulsos.

Tenemos que hablar con nuestros adolescentes acerca del riesgo de las relaciones sexuales prematrimoniales y hacerles entender que, aunque sean muy comunes en nuestros días, no por eso están bien. La sociedad está ayudando a convertir a muchos adolescentes en adultos prematuros en el aspecto sexual. Esto les produce una gran sensación de vacío, porque es sexo incompleto, sin entrega real ni amor de compromiso. Los padres tenemos que apoyar a nuestros hijos con una adecuada educación sexual, que los ayude a tomar decisiones correctas y a no ceder ante la moda actual de sustituir al amor con el sexo. Hay que enseñarles también que son muy jóvenes y que sus sentimientos no han madurado aún, por lo tanto, tienen que contar con nuestro apoyo como padres para informarlos y capacitarlos. También es importante una educación progresiva de la voluntad para que adquieran hábitos que les ayuden y les apoyen en estas manifestaciones prematuras de la sexualidad durante la adolescencia.

La pornografía

En este momento es importante también tocar el tema de la pornografía. Esta ha ido permeando poco a poco todos los ambientes. Hace unos años la pornografía estaba solo al alcance de unos cuantos, hoy en día, con el internet, la pornografía está en la casa de todos. La pornografía representa un peligro especial porque busca solamente el placer por el placer y convierte al hombre en objeto. La sexualidad tiene como finalidad la unión y la procreación dentro del matrimonio. La pornografía distorsiona completamente el sentido de la sexualidad. Es bien sabido que los adolescentes siempre han sentido una curiosidad especial por la pornografía, ya que la búsqueda de lo prohibido forma parte de su perfil. Hoy más que nunca es muy difícil formar en este sentido, ya que todos los adolescentes tienen acceso a internet y a todos los sitios pornográficos que allí se encuentran. Además, la televisión y la misma música se han encargando de erotizar el ambiente, por ello resulta más difícil para un adolescente distinguir lo que está bien y lo que está mal en este campo[16].

Los adolescentes tienen que saber que su impulso sexual es sumamente fuerte, todavía inmaduro y que es muy fácil que se conviertan en víctimas de la pornografía. Se ha comprobado que la pornografía genera adicción y cambia por completo el concepto de la sexualidad en la mente del adolescente (y del adulto). Escenas fuertes pueden ocasionar traumas importantes y alteraciones en la formación de la identidad sexual, pueden generar también obsesiones y fomentar la masturbación con todas sus consecuencias.

Para ayudar a nuestros adolescentes y vacunarlos contra la pornografía es importante dialogar con ellos sobre todos estos temas, darles una buena instrucción sexual con una formación sólida en el aspecto moral y ayudarles a fortalecer su voluntad. También tenemos que mostrarnos firmes en el tipo de películas y programas que se ven en la casa y ponerles el ejemplo. Hablar sobre los daños que les puede ocasionar la pornografía en su adolescencia es vital para su sano desarrollo moral. También es útil poner las computadoras en áreas comunes y a la vista de todos[23].

Los permisos

Uno de los campos de batalla más comunes con los adolescentes suele ser el de los permisos: horario de llegada por las noche, permiso para dormir en casas de amigos, permiso para utilizar el auto de la familia, permiso para salir de viaje. Nuestro adolescente siempre será un gran generador de solicitudes de permisos y los padres tenemos que saber hasta dónde podemos permitirle todas aquellas actividades que día a día quiere realizar.

Por ejemplo, muchos adolescentes presionan a sus padres en relación con los horarios de llegada a la casa en las noches. Siempre quieren hacer sentir a sus padres que ellos son los únicos que tienen tan recortados los horarios y que ya son suficientemente grandes como para pasar más horas durante la noche en la calle. Muchos papás se dejan manipular por estos planteamientos o por la presión que ejercen los otros amigos y familias de los amigos, y modifican sus criterios.

Al hijo se le pueden ir otorgando permisos en la medida que se muestre puntual y responsable. Hay que tener previamente pactadas las consecuencias en caso del incumplimiento de estos horarios y nuestro adolescente debe estar de acuerdo con ellas. Los permisos sirven para educar en la libertad. Le «permito» al hijo que haga uso de su tiempo de diversión y evaluó su respuesta, si se muestra responsable y puntual, se le permitirá gradualmente más libertad. Es importante que los permisos no se vean como restricciones, sino como oportunidades de madurar.

También es importante establecer reglas claras que ayuden a nuestro adolescente cuando quiere empezar a manejar. Convertirse en conductor exige de mucha responsabilidad. Algunas de estas reglas podrían ser: establecer horarios en que nuestro adolescente pueda manejar, de preferencia iniciar con horarios diurnos, cumplir con todos los requisitos que exija la ley o reglamento de la autoridad, una buena capacitación, pasar los exámenes de manejo y obtener su licencia de conducir.

A medida que nuestro adolescente va creciendo, debe ir asumiendo más obligaciones y también nosotros como padres iremos ampliando los permisos, es decir, su grado de independencia. Una de las maneras en que el adolescente se da cuenta de que se va haciendo adulto es la constante ampliación de estos permisos y sus libertades. Es muy importante hacerle ver que cada fase de su adolescencia tiene como objetivo aumentar sus responsabilidades.

La relación entre libertad y responsabilidad tiene que ser estricta y directa. No tiene sentido y es contraproducente darle la independencia de un adulto si no se muestra capaz de asumir las responsabilidades correspondientes. Este razonamiento tiene que ser claro y el adolescente lo debe comprender y asumir. Si es libre para salir con sus amigos o para sacar el auto de la casa, debe ser responsable en el horario que se le ha asignado y en el criterio familiar en relación con el alcohol. Si se le considera adulto para que él decida la hora en la que quiere ir a dormir, debe asumir que tiene que comportarse como un adulto al día siguiente, levantándose sin quejas a la hora que le corresponde.

No debemos permitir a nuestro adolescente que aprenda a descargar sus responsabilidades en su entorno ni a transferir a otros sus culpas. La responsabilidad es de ellos y por lo tanto la culpa también.

Si su hijo es el único de su grupo de amigos que debe regresar a la casa a una hora determinada porque ha demostrado ser incapaz de cumplir con sus responsabilidades correspondientes, él tiene que saber qué debe hacer para ganarse nuevamente el derecho de extender su horario. Por ejemplo, una forma de responsabilidad es el respeto a un compromiso pactado. Puede usted comprometer a su adolescente en algo que él esté solicitando y pedirle que lo ponga por escrito. Que escriba su compromiso y también la consecuencia del incumplimiento de este compromiso. Esto es con el fin de aprender que toda decisión conlleva asumir algunas responsabilidades[19].

Preguntas para la reflexión

1. ¿Están tus hijos pasando por una época difícil? ¿Por cuál?
2. Los berrinches se pueden presentar en cualquier etapa de la vida de tus hijos. ¿Cómo debes reaccionar ante ellos?
3. ¿Cómo puedes preparar a tus hijos para que se vayan a dormir, sin conflictos, en el horario previamente establecido?
4. Desde tu punto de vista, ¿cambian los hijos frecuentemente de actitudes en la medida en que van creciendo? ¿Están ellos preparados para estos cambios? ¿Están ustedes como padres preparados para estos cambios?
5. Escribe una estrategia para solucionar algunas problemáticas como estas:
   a. Problemas de comunicación.
   b. Disgusto por el tipo de amigos.
   c. Temor a que tu hijo consuma drogas.
   d. No te gusta su novio o novia.
   e. Lo descubres viendo pornografía.
   f. Discuten frecuentemente por los permisos.
6. Compromiso personal: Escribe la manera en que te prepararás como padre o madre para enfrentar los cambios físicos, emocionales y afectivos de tus hijos.

5. Los hijos se quejan... épocas difíciles de los padres

El capítulo anterior se llamaba exactamente al contrario, porque la mayoría de las veces a quienes escuchamos quejarse es a los padres. Sin embargo los hijos también se quejan. Cuando son muy pequeños no lo pueden manifestar, pero ya en la adolescencia expresan sus inconformidades sobre aquellos temas o aquellas épocas que les han resultado difíciles con sus padres.

«Los primerizos»

El primer embarazo representa el final de la juventud libre, sin preocupaciones y da inicio a una tarea que comienza el día que te enteras que vas a ser madre y termina cuando mueres, ya que padres nunca dejamos de ser, no importa lo grandes que sean nuestros hijos. A partir de este momento comienzan muchos cambios y surgen claras limitaciones en la vida social y en otros placeres exteriores. El mismo presupuesto se ve reducido y las atenciones que se tenían un esposo al otro ahora deberán distribuirse entre tres. Los cambios que puedan esperarse con motivo de la llegada del primer hijo pueden no ser tan drásticos, pero de cualquier manera siempre representarán una sorpresa.

La madre siente temor de forma inconsciente, duda si tendrá el tiempo necesario, la energía física, para ocuparse de este nuevo bebé. El padre se preocupa por la manutención y el cuidado de este nuevo miembro de la familia. Las mujeres al principio nos sentimos preocupadas y poco a poco nos vamos tranquilizando al descubrir nuestra situación de embarazo y empezar a querer a ese nuevo bebé que se convierte en un ser muy importante para nosotras, aun antes del parto. Aunque la expectativa es alta, se produce un desaliento, porque, como toda madre primeriza e inexperta, cuando el bebé llega a la casa, se acaba el idealismo y aparece la realidad[22].

El papá y la mamá primerizos se ven con la responsabilidad de criar a un hijo y no saben cómo hacerlo. Se opta por darle todo el amor que sea posible porque así lo necesita. El amor de los papás le ayudará a ir adaptándose a este nuevo mundo, pero es muy común que el papá comience a sentirse celoso por la enorme demanda de tiempo que el bebé representa para la madre y que la madre se sienta agotada y no entienda por qué el marido se queja si es ella la que debería de recibir cuidados y atenciones. El tiempo que les queda a ambos y la calidez en el trato que tenían antes se ve sumamente reducido, ha quedado en segundo término, pero hay que entender que es meramente temporal.

A partir de este momento se pueden dar ciertas fricciones en la pareja debido a la falta de experiencia y a la formación familiar que recibió cada uno.

Estas diferencias que pudieron no ser tan obvias cuando inició la convivencia en la pareja, pueden incrementarse al tener un proyecto común que se llama «hijo». Pudieron haberse aceptado siendo diferentes en sus costumbres y pudieron haber superado diferentes maneras de ver las cosas, pero ahora comparten un proyecto común y esa manera diferente de ver las cosas genera conflictos en el momento en que llega el bebé a la casa.

Como todas las parejas crecimos en hogares diferentes, es obvio pensar que tenemos diferentes maneras de concebir la educación de nuestros hijos, y entonces tendremos que proponernos generar un frente unido y tratar de solucionar estas primeras dificultades de la paternidad.

Debemos esforzarnos por comprendernos y trabajar en equipo porque es bueno para las relaciones conyugales y definitivas de nuestro matrimonio. Los conflictos que se presentan en relación con las medidas de disciplina de los hijos, causan grandes problemas en la relación conyugal y también pueden afectar la intimidad de la pareja. Todo lo que sembremos ahora, con nuestro primer hijo, será de gran ayuda para la formación del resto de los hijos que vayamos a procrear.

Lo que se espera de esta etapa es que nuestras diferencias sobre la disciplina no se conviertan en un campo de batalla personal. La mayoría de las parejas podrán resolver estos conflictos, si se lo proponen. Sin embargo, si no les es posible llegar a un acuerdo, quizá necesiten ayuda de un profesional, para poder llegar a un acuerdo por el bien del hijo que tienen actualmente, de los que tendrán después y, sobre todo, de su matrimonio.

Es importante también establecer un sentimiento de común acuerdo. Los niños son excelentes detectives y ellos descubrirán las inconsistencias, los conflictos. Una vez que se dan cuenta de que existe un punto débil, tratarán de usarlo en todo momento para satisfacer sus propias necesidades. Es típico que los niños hagan eso con sus padres, como lo hacen con sus maestros: tratan de saber cuál de los dos es el más débil, para aprovecharse de él. Algunas veces el problema es que uno de los cónyuges es sumamente estricto, impone reglas en todo momento y crea un ambiente exageradamente formal, y el otro posiblemente es muy blando y entonces le parece siempre exagerado lo que su pareja está diciendo. Otra cosa que hace muchísimo daño es que padre y madre discutan acerca de la disciplina delante de los hijos, ya que aun siendo muy pequeños respirarán ese ambiente de tensión.

Abuelos al ataque

Si resulta difícil enfrentarse a la experiencia de tener un hijo por primera vez, puede serlo aún más por la influencia de los abuelos paternos o maternos. Los abuelos pueden ser de gran ayuda para los padres jóvenes de muchas maneras. Y los abuelos encuentran un gran placer en la convivencia con sus nietos. En muchas ocasiones las abuelas se consideran expertas en el tema de la crianza y tienden a subestimar la capacidad de la madre joven y novata. Es posible que el padre se sienta relegado ante la constante presencia de los abuelos, que tratan de solucionar cualquier problema que se le presenta a la nueva familia, impidiendo que adquieran ellos mismos experiencia.

También es muy posible que los nuevos padres piensen que todos los consejos que ofrecen los abuelos ya están pasados de moda, ya que los padres jóvenes normalmente se sienten más actualizados y sobre todo independientes; y esperan poder dirigir su propia vida sin la influencia de sus padres y suegros. Es posible que los abuelos quieran decirles todo lo que deben hacer, como si todavía dependieran de ellos y desearan volver a ubicarse en esa situación.

Las tensiones son comunes, ya que se trata de un proceso de adaptación que está sufriendo la pareja con la presencia del nuevo miembro de la familia que hace sentir agotamiento e inclusive celos por parte del padre y de los llamados «blues» que algunas mujeres presentan como consecuencia hormonal post parto; y a esto hay que agregarle la influencia de los abuelos. En algunas familias esta tensión entre padres y abuelos puede generar desacuerdos feroces, en otras puede existir una leve tensión, que casi siempre se refiere al cuidado del primer niño, pero que se disipa con el tiempo[12].

Algunas jóvenes madres, con suficiente confianza en sí mismas, podrán buscar algún tipo de ayuda solo cuando la necesiten, aceptando sugerencias, pero tomando en cuenta las opiniones del marido para ir construyendo su propio camino. Algunos otros padres jóvenes se sentirán sumamente sensibles al percibir que sus padres y sus suegros los ven como incapaces y se mostrarán quisquillosos en relación con todos los comentarios y críticas, generando con ello tensión.

Es importante que los abuelos confíen en la madurez y la capacidad de sus hijos para comenzar a criar a sus nietos. Esto ayudará a la definición de la figura de autoridad en casa, donde los papás deben ejercerla frente al hijo y no, como se ve en ciertas ocasiones, que los abuelos figuren como imagen de autoridad ante los nietos y ante sus mismos hijos. Los padres jóvenes deben tener la valentía suficiente para mantener cómodas las relaciones con sus familias políticas, permitiéndoles a los abuelos expresar sus opiniones, pero haciéndoles ver que es la pareja la que tomará las determinaciones finales.

A los abuelos primerizos se les sugiere no intervenir innecesariamente y evitar conflictos en la pareja, que bastante tiene que construir a partir del nacimiento de su nuevo hijo y mostrarse disponibles para que los nuevos padres puedan pedir consejos cuando tengan alguna duda.

Cuando los niños se quedan al cuidado de los abuelos, por situaciones de trabajo o de otra índole, debe buscarse una franca comprensión y una razonable concesión. Los padres deben confiar en que los niños serán educados según los principios que ellos han establecido en relación con asuntos importantes y que los abuelos buscarán apoyarlos en las decisiones que hayan tomado en relación con el manejo y la disciplina de los nietos. Obviamente, los padres deberán demostrar apertura, ya que al estar solicitando el apoyo de los abuelos, deberán entender que ellos serán una influencia importante en la educación de sus hijos y, por lo tanto, deberán cederles este derecho. Si por alguna razón los padres no están de acuerdo con la manera en la que los abuelos crían a sus hijos, es preferible buscar el apoyo de instituciones como guarderías, ya que más vale evitar fricciones con las familias políticas que puedan prolongarse después a través de los años.

Es preferible que los padres encuentren un modo de comunicarse con los abuelos en vez de que se incomoden de forma constante cada vez que los abuelos hacen algún comentario, la mayoría de las veces sin mala intención.

Ocasionalmente será normal encontrarse con una abuela que sea demasiado autoritaria con su propia hija y que, aunque la hija sea ahora madre, no pueda evitar entrometerse de más en su vida. Es posible que una joven madre como esta pase momentos duros al principio, en lo que se refiere a adquirir una perspectiva propia. Por ejemplo, si la madre primeriza se siente muy presionada por la forma autoritaria de la abuela, es posible que se sienta dominada, pero al mismo tiempo se sienta culpable por estar rechazando los consejos de su madre o de su suegra. Poco a poco, manejando esta situación con táctica, hay que hacer saber a las abuelas que ellas no son las mamás ahora y que el niño es de su hija o de su nuera quien deberá cuidarlo como mejor le parezca[12].

En estas situaciones, que en ocasiones contienen muchas tensiones acumuladas, a menudo resulta útil que los padres, y tal vez los abuelos, consulten a un profesional que los ayude a solucionar esta situación de la mejor manera. No debemos olvidar nunca que la responsabilidad de criar a un nuevo hijo corresponde a los padres y no a los abuelos. Estos tuvieron en su momento la oportunidad de educar y formar a sus hijos tal y como ellos quisieron; ahora deben mostrarse respetuosos ante la imagen de autoridad de los nuevos padres[12].

Mamá soltera

En ocasiones he tenido oportunidad de conocer a madres solteras que viven en la casa de sus padres. Muchas de ellas quedaron embarazadas siendo adolescentes y los abuelos del bebé son los que asumieron la imagen de autoridad y la paternidad de este nuevo miembro de la familia. Ante la ausencia de un padre, la hija (ahora madre) sigue conservando su rol de hija y respetando la autoridad de sus padres, y en este núcleo familiar el bebé se convierte en un hijo y a la vez en un hermano de esta joven madre.

Generalmente, cuando el niño comienza a pasar la crisis de rebeldía de los «terribles» dos años, las madres pasan por un momento muy complicado, ya que saben que no representan ninguna imagen de autoridad ante su hijo y se sienten desplazadas por sus padres. Otras veces la joven madre comienza a darse cuenta de que la forma en que los abuelos quieren educar a su hijo no es la que ella quiere; pero, a causa de la dependencia económica, tiene dificultad para ocupar la figura de autoridad que le corresponde delante de su hijo. Entonces se siente frustrada, opacada ante la figura de los abuelos y prefiere no enfrentarlos.

En estas situaciones específicas se recomienda a las jóvenes madres hablar con los abuelos, en la que les haga ver con amabilidad que es ella quien debe criar a su propio hijo. A los abuelos les aconsejo que vayan permitiéndole a la hija desarrollarse como madre, dándole espacio para que sea cada vez más autónoma e independiente, para que en un momento dado ella y su hijo puedan vivir en un sitio diferente, ella pueda ser autosuficiente económicamente y ejerza la autoridad que le corresponde. Aunque la presencia del padre es muy importante para la formación de un hijo, no es una gran diferencia para el pequeño si la madre sabe compensarle esta situación de otras maneras. Si la madre maneja bien esto, el pequeño, ya sea niño o niña, puede continuar creciendo con una buena adaptación.

Normalmente el abuelo materno es el que asume la imagen paterna. Esta imagen será necesaria para ir formando la identidad sexual en el niño varón, sobre todo hacia los tres años de edad. El abuelo puede servir como padre sustituto, suponiendo que pasa buen tiempo con el pequeño y que el niño lo ve con regularidad. Pero el abuelo deberá compartir la autoridad con la madre biológica, dándole oportunidad de que sea ella la figura de autoridad. Deben definir, abuelos e hija, la disciplina que se vivirá en la casa, estando de acuerdo los tres en las reglas y en las consecuencias.

El niño sin padre presente necesita estímulos y oportunidades especiales para jugar con otros pequeños, todos los días y estar ocupado principalmente en actividades infantiles. Muchas veces las madres solteras caen en la tentación de convertirlo en su compañero más íntimo, interesarlo en sus preocupaciones, en sus gustos, haciendo que el niño crezca sea precoz en muchos temas, con intereses predominantemente de adultos[29].

Es muy bueno que una madre soltera pueda pasar tiempo y divertirse mucho con su hijo, pero también es importante que le permita seguir su camino. La mamá es quien debe interesarse por los asuntos de su hijo, en lugar de hacer que comparta demasiado los de ella. Estos hijos muchas veces suelen ser hijos únicos, por lo tanto será muy importante que se desarrollen desde temprana edad en jardines de niños donde puedan pasar su tiempo con otros niños, y puedan aprender a compartir, a socializar. También es muy común que estos niños estén sobreprotegidos, tanto por sus abuelos como por su madre. Esto lo puede convertir en un niño consentido o mimado. Que el niño sea hijo de madre soltera no es motivo para excederse en los cuidados y evitarle un sano desarrollo socio-moral.

Padres ausentes

La separación y divorcio se han hecho muy comunes. En la mayoría de los casos, el divorcio es una fuente de inquietud para todos los miembros de la familia. Pero cuando una pareja está en desacuerdo y no busca solucionar sus problemas, cada uno de sus integrantes siente que el otro es el culpable y con esta actitud llega el fin de la relación.

Los niños siempre se dan cuenta de los conflictos por los que están pasando sus papás y los inquietan muchísimo. Se trate o no de un divorcio, uno de los mayores temores de los niños es precisamente que sus padres se separen. La mayoría de las veces los hijos se sienten culpables de esta separación. Para los niños pequeños, el mundo está compuesto por su papá y su mamá; sugerirles que su familia se desintegrará es como sugerirles que ha llegado el fin del mundo. Representa de alguna manera el distanciamiento con uno de sus padres. Si se quedan bajo la custodia de la mamá, aunque el padre viva cerca, ya no convivirán con él de manera habitual[2].

Las madres que se quedan con la custodia de los hijos, encuentran que el primer año o los dos siguientes al divorcio son muy difíciles. Los hijos se muestran más tensos, exigentes y quejumbrosos; la madre echa de menos la parte que el padre representaba en la autoridad y en la toma de decisiones, en la solución de discusiones. Los padres que se van a vivir solos, por su parte, se sienten desdichados porque no se les consulta acerca de los planes (importantes o no) relacionados con los hijos[22]. Echan de menos la compañía de sus hijos, echan de menos el que sus hijos no estén allí para pedir consejos o permisos; todo ello forma parte de las funciones de un padre. Las visitas de fin de semana de sus hijos terminan a menudo en una lucha, porque los pequeños se aferran desesperadamente a quedarse con su padre, pero también quieren estar al lado de su madre. Cuando los niños son pequeños, la presencia segura y constante del papá dentro de la familia es esencial para su sentido de seguridad. Cuando los padres se han divorciado, los niños presentan algunas formas de regresión o comienzan a chantajear a la mamá y al papá por separado.

Será muy difícil ponerse de acuerdo en relación con las reglas que se vivirán con los hijos, ya que aquel frente unido que forman las parejas cuando tienen a su primer hijo se complicará mucho más porque ya no existe el lazo matrimonial. El divorcio es un asunto complicado cuando se habla de la aplicación de la disciplina y de la imagen de la autoridad ante los hijos. Si vemos el punto de vista de un niño, su seguridad estará basada en un solo sistema disciplinario, si papá y mamá logran manejar las mismas reglas y las mismas consecuencias. Sin embargo sabemos que en ocasiones no es posible.

Si los esposos, separados o divorciados, no tienen la capacidad o la voluntad de comunicarse entre sí en forma amigable sino que, por el contrario, deciden aferrarse a sus formas individuales de disciplinar, muy probablemente los hijos se sentirán confundidos. Recibirán mensajes y valores contradictorios desde las casas de sus dos padres[21].

Posiblemente, el mejor consejo que se les puede dar a estas parejas es que traten de explicarle a los hijos cuales son los límites y lo que se espera de ellos en cada una de las casas y evitar usar la disciplina o la falta de esta como una forma de molestar al exmarido o a la exesposa.

Presento a continuación algunas sugerencias para aquellos padres que se han divorciado y que tienen interés en formar ante sus hijos un frente común a pesar de su distanciamiento:

a. Recuerden que sus hijos siempre serán sus hijos y esto hará que usted y su excónyuge tengan algo en común. En los próximos años usted tendrá que compartir con su excónyuge eventos sociales y familiares, por ello vale la pena que encuentren una manera amable de relacionarse.

b. Traten de abordar el problema de definir reglas y consecuencias con espíritu de cooperación, en lugar de tomar una posición en la que usted tiene la razón y su expareja está totalmente equivocada. Será importante que aprendan a dialogar con una actitud conciliadora y que acepten que cada uno tiene ideas valiosas que aportar, algo importante que decir y que ambos se acercan a las situaciones de sus hijos desde diferentes perspectivas.

c. Cada uno haga una lista de las reglas en su casa. Traten de comparar y analizar estas listas. Cuando los exesposos tienen divergencias en la forma de ejercer la autoridad paterna, lesionan enormemente a los hijos. Hacer una lista es una táctica muy buena para abrir líneas de comunicación. Estas listas contribuyen a tomar conciencia de algunas necesidades que antes no se habían visto.

d. Separen todas aquellas reglas que tienen en común. Al comparar las listas será fácil entender por qué entran en conflicto en relación con la disciplina de los hijos. Posiblemente uno de ustedes vea la disciplina como una forma de crear orden en la casa, tal vez el otro tenga una visión diferente. Al comparar las listas posiblemente descubrirán que la base en común que tienen es el amor por sus hijos y que desean lo mejor para ellos, lo cual será suficiente para comenzar a construir en común; pueden desear los mismos objetivos aunque tengan diferentes puntos de vista para llegar a ellos[13].

e. Utilicen estas reglas comunes para comenzar el programa de disciplina en ambas casas.

f. Analicen aquellas reglas que no tienen en común y trate cada uno por separado de integrarlas en un futuro programa de reglas.

Existen otro tipo de padres ausentes: son padres que viven en su casa pero que su presencia es pasiva, son padres que están junto a sus hijos, pero que están ahogados en su rutina o viviendo su propia vida como si no tuvieran hijos. Estos padres no son conscientes de la importancia de su imagen frente a los pequeños y hacen que la paternidad pierda prácticamente su razón de ser, ya que ser padre implica asumir con toda conciencia la formación de los hijos, no solamente mantenerlos y darles los bienes materiales necesarios para su crecimiento. Hay que evitar que el padre se considere solo como proveedor y que figure solo de vez en cuando[29].

En algunas ocasiones he tenido oportunidad de platicar con padres jóvenes que están totalmente orientados hacia su trabajo profesional y que son padres ausentes dentro de su casa. Para motivarlos a hacerse más presentes en la vida de sus hijos, les explico que la familia es como una «gelatina»: cuando uno prepara gelatina, solo durante los primeros minutos puede introducir diferentes frutas antes de que ésta cuaje. Una vez que cuaja, es imposible introducir cualquier nuevo elemento ya que la mezcla se ha solidificado.

La familia es igual: durante los primeros años, la madre y los hijos van desarrollando una dinámica en la que se sienten cómodos, en la que todos se incluyen. Si el padre, durante sus primeros años, se muestra ausente y dedicado completamente al trabajo, cuando quiera regresar a la familia y tratar de incluirse en ella, le será casi imposible, porque esta habrá cerrado su superficie, habrá cuajado y él no será parte de los ingredientes que la conforman.

En ocasiones el padre vive en el mismo lugar que los hijos, sin embargo, su comportamiento no es el adecuado: delega todas sus funciones parentales en la mujer; genera una atmósfera impenetrable en torno a él; no comparte con sus hijos el cariño y solo exige el rendimiento, la competitividad y el éxito profesional (Polaina-Lorente, 1993)[13].

Este fue el tipo de paternidad que se ejerció en el pasado. Sin embargo, todavía se presenta hoy día, aunque en menor medida. El padre actual se distingue por colaborar y compartir con la madre la dirección de la casa y de la familia, y no solo por preocuparse por la situación económica o por ejercer la autoridad de manera rígida.

Es importante recalcar la importancia de la presencia del padre dentro de la familia como miembro activo que participa en la educación y formación de los hijos. Debe proyectar una imagen masculina sólida y bien definida, que se involucre en cada momento y en cada etapa de desarrollo de los hijos, y que valore su presencia y luche por este espacio dentro de la familia.

Preguntas de reflexión

1. Con el hijo mayor siempre actuamos como primerizos debido a la falta de experiencia. Escribe tres actitudes o acciones de «primerizo» que recuerdes haber tenido.

2. La intervención de los abuelos puede resultar excesiva. ¿Cómo ha sido la intervención de los abuelos de ambas familias en la educación de tus hijos? ¿Por qué?

3. Si es tu caso, ¿qué ha sido lo más relevante y lo más complicado al educar a tus hijos sin la ayuda de tu pareja?

4. En caso de que ambos padres no vivan con los hijos, por diversas razones, escribe tres consejos prácticos que tú les darías para establecer reglas y consecuencias.

5. Compromiso personal: escribe cinco puntos de acuerdo a lograr con tu pareja, tus padres, tus suegros, en relación con la definición de reglas y consecuencias para tus hijos.

6. Tipos de padres. Tipos de familias.

Diversos estudios e investigaciones han demostrado que el estilo familiar va a definir cómo serán las relaciones en cada casa. El tipo de familia que has formado con tu pareja y el tipo de padre que eres al disciplinar, tiene mucho que ver en los resultados que obtendrás como imagen de autoridad. Muchos de nosotros hemos tomado de los modelos de nuestros padres nuestro estilo de disciplinar, la forma en que ejercemos la autoridad y cómo se manejan las tensiones familiares que resultan de la convivencia diaria.

Estos son los tipos de padre o madre que puedes ser a la hora de educar a tus hijos:

Padre barco o buena onda

Este tipo de padre es otro niño en la casa: brinca en las camas y lanza juguetes, no sigue horarios ni reglas, reacciona de manera opuesta a una disciplina dictatorial y espera que sus hijos actúen con criterio natural. Maneja un estilo democrático donde permite que las decisiones acerca de lo que se debe hacer las tomen los hijos. Tiene miedo de perder el afecto de sus hijos si se muestra firme y prefiere jugar el papel de «amigo» de sus hijos. Es un padre con buena voluntad, pero nunca puede alcanzar sus objetivos. Sus hijos normalmente carecen de autocontrol y se sienten desorientados[4].

Este padre no transmite un modelo razonable de comportamiento y sus hijos no logran distinguir cuáles son las conductas socialmente aceptadas y cuáles son las socialmente rechazadas. Evita a toda costa las tensiones y los conflictos, y espera que cada uno de sus hijos vaya madurando poco a poco gracias a los estímulos del ambiente. Nunca fija límites y, cuando las cosas se salen de control, se siente angustiado, hace promesas de consecuencias y nunca las cumple. Constantemente justifica a sus hijos «pobreteándolos»: «pobrecito, tiene sueño por eso se está portando tan mal», «pobre de mi hijo, le encargan demasiada tarea...», etc. El resultado que obtiene este padre o madre cuando utiliza esta forma de disciplinar es el siguiente:

- Sus hijos son caprichosos y no desarrollan tolerancia a la frustración.
- Sus hijos no son capaces de controlarse emocionalmente y fácilmente hacen berrinches y pataletas.
- Sus hijos crecen sin control, desbocados, esperando que el mundo satisfaga hasta su menor capricho.
- Sus hijos sufren las consecuencias de no saber vivir en sociedad, no entienden que sus actos tienen consecuencias.
- Sus hijos no son capaces de establecer proyectos a largo plazo, porque siempre quieren ser premiados de manera inmediata. No alcanzan a valorar el esfuerzo.
- Sus hijos no conocen sus limitaciones, porque no se les ha permitido fracasar, tampoco conocen sus habilidades, porque él siempre les ofrece una solución a todas sus necesidades.
- Sus hijos suelen echarle la culpa a otro cuando algo les sale mal, ya que han aprendido a justificarse.
- Sus hijos no aprecian el valor del esfuerzo para tratar de llegar a una meta, esperan satisfactores inmediatos.

Estos niños crecen en un mundo de ausencia de normas y con una terrible dificultad para adaptarse a las exigencias, por lo que constantemente tienen problemas en la escuela y un pobre desarrollo socio-moral.

Este tipo de padres se asocia mucho al tipo de familia inconsistente-débil en la que prevalece una atmósfera permisiva y de libertad sin límite. Estos padres tratan de evitar cualquier tipo de trauma o fracaso en sus hijos y siempre los rescatan de cualquier adversidad; buscan a toda costa su éxito, sin importar que sean ellos los que hacen las cosas y no sus hijos (Prado y Amaya, 2003)[26].

Cuando estos niños son pequeños, tienden a ser difíciles de soportar y, cuando crecen, se convierten en adolescentes sumamente peligrosos que no reconocen la autoridad, que tienden a hacer lo que les place y que procuran su diversión a toda costa. Estos adolescentes normalmente son expulsados de las escuelas, tienen problemas con la policía, no son bien aceptados por la sociedad y aprenden a echarle la culpa a todo mundo por sus defectos y por sus debilidades. Son aquellos que no comprenden que sus actos tienen consecuencias y que incurren en enormes faltas de respeto. Son niños que de pequeños aprendieron a obtener siempre un premio o una recompensa por cumplir con sus labores y de grandes quieren cobrar hasta el más mínimo favor porque no entienden que deben cumplir con sus obligaciones. En el fondo esto sucede porque nunca se lo enseñaron así en su familia.

Como comenta Cinthia Hertfelder en su libro «Cómo se educa una autoestima familiar «[10]: El niño vive con desamor la indiferencia y con ansiedad la presencia paternal. No se sienten queridos. No pueden aprender a quererse.

Esta actitud por parte de los padres suele surgir precisamente porque temen perder el amor de sus hijos si los disciplinan, porque temen no ser queridos si se muestran como figuras de autoridad. Sin embargo, nada más desconcertante para los niños en cualquiera de sus etapas de desarrollo que esta actitud, ya que la perciben como falta de atención o desamor. Cuando un adolescente tiene un papá barco o buena onda, en un principio puede resultarle atractivo, podrá sentirlo como un amigo más dentro del grupo o simplemente se sentirá sumamente libre de no tener que darle cuentas a nadie.

Sin embargo, esta sensación de cabalgar en un espacio tan abierto, como es la vida, sin ninguna barda que te proteja o que te defina hasta dónde puedes llegar, suele crear desconcierto existencial en el adolescente.

Con el paso del tiempo, el adolescente posiblemente resentirá esta ausencia de sus padres, porque cuando los padres no cumplen con el rol asignado, lo que generan es un enorme vacío. Y lo que algún día resultó tan agradable, comenzará a llenarlo de inseguridad. Tendrá gran confusión en la definición de los modelos de autoridad, tendrá dificultades en la escuela y en la sociedad para sentirse amado y protegido, y terminará sintiéndose solo y perdido en medio de la sociedad.

Padre autoritario

Este padre (o madre) suele ser gritón y amenazador. Impone reglas nuevas sin previo acuerdo ni consecuencias establecidas. Castiga con golpes, jalones y castigos desproporcionados. Amenaza y muchas veces sus amenazas son imposibles de cumplir. En la casa predominan las reglas, pero son reglas arbitrarias, impuestas simplemente por el hecho de existir. Este modelo está basado en un maneras de educar de hace años. Aunque es menos frecuente en la actualidad, todavía se dan estos casos. Si el que ejerce este tipo autoridad es el varón, esta autoridad la aplica tanto a sus hijos como a su esposa, identificándose con el machismo puro, donde no existe más verdad que la del varón de la casa.

No existe otra verdad que la del padre autoritario. Se siente satisfecho cuando observa que sus hijos le tienen miedo y piensa que basado en este miedo logrará que le obedezcan. Le gusta crear una distancia entre él y sus hijos, y siente que esta distancia es por respeto. Pero lo que está haciendo no es «respeto» sino romper por completo la comunicación y la estima. Sus hijos no se la pasan bien en familia, se sienten atemorizados y reprimidos. Y frecuentemente esperan la primera oportunidad para abandonar la casa y buscar un sitio donde realmente se sientan queridos. La casa es como una cárcel, en donde no se reparten las obligaciones de manera equitativa, tratando de desarrollar la responsabilidad de los hijos, sino como en una prisión y las tareas cotidianas son como la condena. Los hijos que crecen con un padre autoritario, generalmente se convierten en padres barco o buena onda, ya que buscan alejarse lo más posible del modelo de autoridad que vivieron en su infancia, porque sienten que fueron siempre castigados injustamente y que nunca se les dio espacio ni para respirar[4,10 y 26].

El resultado de este tipo de modelo de autoridad es que los niños solo se portan «bien» cuando están siendo vigilados. No existe en ellos el desarrollo socio-moral que los lleva a entender que las reglas existen y son creadas para favorecer la convivencia. Los hijos perciben que las reglas han sido diseñadas para fastidiarlos, para presionarlos y para limitarlos en su libertad y en el desarrollo de su autoestima.

Estos hijos obedecen solo por miedo, son inseguros y temerosos de pequeños, pero cuando llegan a la adolescencia se toman la revancha. Cuando piensan en cómo deben comportarse, no consideran el comportarse en términos de hacer o no lo correcto, sino en términos de hacer enojar o no a su padre.

A estos hijos les cuesta mucho trabajo tomar decisiones, ya que sus padres han tomado todas las decisiones por ellos y por lo tanto no han desarrollado un criterio propio. Tienen una autoestima débil y una excesiva sensibilidad por las jerarquías y el poder.

Son niños controlados y manipulados, sus sentimientos son ignorados y negados. Es muy probable que el padre autoritario utilice la humillación para manipular a sus hijos, ridiculizándolos y burlándose de ellos. Posiblemente estos niños, o más tarde cuando sean adolescentes, en su vida social actuarán de manera similar frente a otros, tratando de imponer sus ideas sin importar el daño emocional que puedan ocasionar. Ya de adultos buscarán someter a otras personas para recibir cariño y se sentirán satisfechos de menospreciar a los demás. Este modelo de paternidad genera resentimiento y deseos de violencia internos.

Padres con autoridad

Este tipo de padres utilizan el diálogo con sus hijos desde que son pequeños. Supieron afrontar cada una de las crisis de desarrollo de sus hijos y son conscientes de los cambios que están ocurriendo constantemente en ellos. No ven a sus hijos como una realidad estática, sino como a alguien que está desarrollándose de forma dinámica. Entienden que es normal que vayan cambiando sus conductas, no esperan que sean los mismos de ayer y de hace un año, más bien esperan que vayan creciendo y que ellos como padres se vayan adecuando a estos cambios. Desde pequeños han observado la televisión con sus hijos, han buscado utilizar ejemplos de vida diaria para reforzar conductas morales, han ido dando ejemplos concretos de lo que son las conductas socialmente aceptadas y las conductas que son socialmente rechazadas. Ellos se consideran el principal ejemplo del cual sus hijos se están alimentando moralmente, conocen esta responsabilidad y la ejercen[4 y 10].

Padre y madre ejercen la autoridad de la misma manera. Han aprendido a comunicarse y a identificar las áreas de atención para definir las reglas de casa. Juntos prevén situaciones difíciles en los hijos. No esperan que se comporten como adultos, sino como niños de acuerdo con su edad y, basados en la edad, definen límites y los van adecuando constantemente.

Este tipo de padres son eficaces para fomentar el autocontrol y la madurez, porque en sus reglas existen razones y esas razones forman la autoestima y el desarrollo socio-moral del hijo. El niño sabe que las reglas no han sido definidas para molestarlo o para agredirlo, sino por amor, para ayudarlo a desarrollarse y aprender a relacionarse con los demás. Cuando los hijos de estos padres son adolescentes, saben que tienen un espacio cada vez más amplio para moverse, pero que esa amplitud de espacio es directamente proporcional a su responsabilidad.

Cuando los hijos crecen en este ambiente ordenado, donde existe la consistencia, el amor y la firmeza, y unos padres que se muestran como líderes dentro de la familia, que van llevando a sus hijos por un camino seguro hacia la autorrealización, hacia la madurez, los hijos crecen sanos, fuertes, capaces de defenderse de las influencias negativas del medio ambiente.

Estos padres van desarrollando una libertad responsable, donde los hijos asumen que sus actos tienen consecuencias y que las reglas no se basan en los simples «deseos» de sus padres, sino en un profundo sentido de formación afectiva para llevarlos a ser personas de bien.

Estos son algunos de los puntos que presentan Prado y Amaya en la definición de la familia afectiva-estructurada en su libro «Hoy tirano, mañana Caín»[26]:

1. Padres que proveen un ambiente creativo y constructivo. Estos padres motivan a sus hijos para encontrar soluciones a los problemas que se presentan, solución de manera adecuada y pacífica en la convivencia diaria. Los hijos pueden opinar acerca de las reglas que existen en casa, sin embargo, saben que sus padres tienen la última palabra.

2. Disciplinan con amor. La palabra disciplina proviene del latín, y significa enseñar o instruir. Estos padres reconocen su obligación de disciplinar y entienden que se trata de enseñarles a sus hijos a crecer, a convertirse en adultos sanos y responsables. Al

definir estas reglas que conforman la disciplina, basadas en el amor, los padres buscan solamente el bien de sus hijos y, por lo tanto, el bien común de la familia.

3. Establecen reglas simples y claras. Estos padres se guían por el sentido común. Saben que no es necesario desarrollar cientos y cientos de reglas confusas que no dejen a sus hijos ni respirar. Las reglas que han establecido responden básicamente a los valores fundamentales de la vida. Buscan que su hijo sea responsable de vivirlas y de hacerlas suyas.

4. Implementan consecuencias naturales y razonables frente a conductas irresponsables. Los niños aprenden desde pequeños que cuando cometen un acto agresivo o cuando le faltan al respeto a otra persona, tienen que confrontar su acción y que habrá una consecuencia. Saben que si tiran un vaso con agua, tendrán que limpiarla; saben que si le pegan a su hermano, tendrán que pedirle disculpas y perder un privilegio; saben que en la vida todas las acciones tienen consecuencias. Esto los ayudará en su vida de adultos, para vivir en sociedad y entender que todos estamos interactuando en el mismo espacio y que las acciones de uno pueden provocar reacciones en el otro.

5. Proveen de ambientes positivos. Estos padres están atentos a las conductas positivas de sus hijos. Saben reconocerles el bien que hacen día a día, les presentan modelos adecuados a seguir y los niños aprenden a través de estos modelos a ser empáticos con los demás.

6. Enseñan a competir, a colaborar y modelan este comportamiento. Estos padres utilizan los juegos y el deporte para prepararlos para la vida. Les enseñan a ser buenos y exitosos, pero sin tener que pisotear a nadie. Les enseñan que es bueno saber perder, como también es bueno saber ganar.

El fruto de esta forma de ejercer la autoridad paterna son hijos exitosos en el plano sociomoral, que reconocen sus limitaciones y que reconocen también sus triunfos, que saben que en la vida hay reglas y que estas reglas existen para favorecer la convivencia social. Se sienten cómodos frente a la autoridad y, cuando van creciendo, se van haciendo lo suficientemente responsables como para llegar a ejercerla.

De acuerdo con lo anterior, es importante reconocer que todos los padres estamos llamados a ejercer la autoridad. Algunos simplemente omiten esta responsabilidad y no lo hacen. Otros lo hacen siguiendo un modelo inadecuado que no los lleva a alcanzar aquellos objetivos que se han fijado. Será importante reflexionar sobre el tipo de padres que somos, sabiendo que puede suceder que yo sea de un tipo y mi cónyuge de otro. Lo anterior podría desorientar a los hijos. Y una vez definido el tipo de padre que somos predominantemente, conviene analizar las consecuencias de esta manera de ejercer la autoridad y corregir este modelo o este patrón antes de iniciar formalmente un programa en el manejo de límites, ya que no solo será indispensable establecer correctamente las reglas en la casa y sus consecuencias, sino actuar como modelo disciplinario de la manera más efectiva posible[4 y 10].

Conformar una familia donde el amor y la disciplina se combinen debe de ser nuestro objetivo. Buscar que las reglas y las consecuencias que manejemos con nuestros hijos los hagan ser mejores personas, será nuestro ideal.

Preguntas de reflexión

1. Nombra a personajes de series de televisión o cine que te recuerden a cada tipo de padre:
   a. Padre barco o buena onda.
   b. Padre autoritario.
   c. Padre con autoridad.

2. Escribe cinco características de cada uno de los tipos de padres (barco, autoritario, con autoridad).

3. ¿Con cuál tipo de padre te identificas tú? ¿Por qué? ¿Con cuál identificas a tu pareja? ¿Por qué?

4. Menciona los cinco puntos que te parezcan más adecuados para vivirlos en tu familia, a fin de lograr una familia afectiva-estructurada.

5. Compromiso personal: Escribe una carta a tu pareja y a tus hijos en donde les propongas una vida familiar con reglas, con respeto y con armonía, para beneficio de todos.

7. Consecuencias vs. castigos

Definiciones y argumentos

Castigo

El diccionario de la Real Academia Española define castigo así: «pena que se impone a quien ha cometido un delito o falta».

Dicha definición no evoca en nosotros de forma espontánea algo relacionado con la educación y la formación de la persona. Nos hace pensar más bien en algo parecido a un verdugo que trata de lastimar a su víctima.

Freud afirmaba que el castigo es inevitable como herramienta civilizadora pues, según él, la cultura implica represión y el castigo es una forma de sustituir la satisfacción inmediata de los impulsos por una satisfacción retardada. La sociedad requiere que todos obren con buena voluntad, por lo tanto, si uno de sus miembros no vive dentro de los límites que impone la convivencia pacífica, debe ser reprendido y limitado por la autoridad. Si no se diera lo anterior, se viviría en medio del caos sin lograr el beneficio de la comunidad.

El castigo es la consecuencia de la trasgresión en cualquier sistema normativo. Mucha gente, en especial algunas figuras de autoridad, se sienten predispuestas a sancionar a otros para promover el bien común dentro de un grupo. En una familia, por ejemplo, algunos padres piensan que para impedir que su hijo se porte mal necesita ser castigado, no porque el castigo tenga algo que ver con su desarrollo sociomoral, sino porque resulta práctico, ya que el hijo cambiará de conducta por evitar el dolor.

Existen muchos estudios sobre el castigo y su función para lograr que el individuo cambie de conducta.

Un estudio que realizó A. Erfut, sugiere que los grupos que no tienen reglas claras atraen a individuos egoístas que minan las instancias de cooperación. En contraste, las comunidades que permiten el castigo atraen a personas que se opondrán a los egoístas. En este mismo estudio, la investigadora norteamericana Elinor Ostrom sostiene que todos los grupos comunitarios duraderos utilizan el castigo para los miembros que no respetan el bien común.

Otro autor sugiere que las nalgadas son valiosas herramientas de disciplina, siempre y cuando se apliquen adecuadamente. Una nalgada adecuada es aquella que «no causa dolor físico», sino que rompe con un momento en que el niño tiene una actitud peligrosa (correr con tijeras en la mano, tratar de cruzar la calle solo, abrir las llaves del gas de la estufa) y pretendemos que le quede claro que no debe repetir esa conducta peligrosa. Recomienda balancear la firmeza con el amor y tener presente que las nalgadas no son apropiadas para todos los niños, ni se deben aplicar a cualquier edad, ni son innecesarias en muchas situaciones. Sostiene que cuando la nalgada se utiliza adecuadamente, no es razón para temer que produzca daño emocional o efectos psicológicos negativos.

Desgraciadamente los papás perdemos de vista que nuestro objetivo es formar, educar la conciencia de nuestro hijo de manera que el hijo vaya distinguiendo el bien del mal. Al utilizar formas inadecuadas de castigo, los hijos huyen de esas situaciones, ya que son desagradables para ellos. Por eso en muchas ocasiones hacen caso omiso de lo que se les está diciendo. Es más fuerte el miedo que el mensaje que se le está dando al niño para que modifique su mal comportamiento[3 y 14].

La labor de los padres requiere de mucha paciencia, constancia y consistencia. Los padres tendrán que repetir muchas veces las mismas frases para lograr que el niño capte que su comportamiento está siendo rechazado por sus padres. Es precisamente aquí, en esta lucha por conservar la paciencia, en donde los padres pierden el control y castigan físicamente al niño y hasta con severidad.

Los padres que acostumbran castigar a sus hijos, tienen la idea errónea de que es la única forma de eliminar un mal comportamiento; sin embargo, no están tomando en cuenta el efecto negativo que tendrá el castigo en el desarrollo sociomoral de su hijo y en su autoestima.

Estos efectos negativos se convierten en sentimientos negativos hacia sus padres, hacia el adulto que los castiga o hacia ellos mismos. Muchos trastornos en el desarrollo de la personalidad de los niños tienen que ver con experiencias relacionadas con el castigo físico. Hay estudios que demuestran que un niño que es castigado físicamente y que ha sido maltratado, cuando llega a la adolescencia, será mucho más violento que otro que fue tratado con respeto y amor.

No podemos educar en el respeto cuando causamos daño físico a nuestros hijos, ya que el respeto es un camino de ida y vuelta. No podemos pedirle al niño que respete a sus padres si él siente que sus padres no lo respetan a él.

Cuando los padres utilizan el castigo, están tratando de evitar un mal comportamiento. Sin embargo, cuando el niño es castigado injustificadamente, este se olvida del mal comportamiento y se centra exclusivamente en el castigo que ha recibido. De esta manera los padres están fallando, ya que el niño en vez de interiorizar que su actitud ha sido rechazada y que debe sustituirla por una conducta adecuada, está centrado en el dolor que le causó el castigo en sí. Por lo tanto, debemos buscar alternativas al castigo que enseñen al niño cómo comportarse de manera correcta, en vez de centrarnos en el acto que ha realizado mal[13 y 22].

Algunas alternativas para evitar el castigo podrían ser las siguientes:

a. Ensayar con el niño cómo debe hacer correctamente lo que ha hecho mal.
b. Darle responsabilidades para que utilice su energía y actividad en algo positivo.
c. Ir moldeando su comportamiento en el momento en que hace algo mal para que aprenda a hacerlo correctamente.
d. Ayudarle a reparar lo que ha hecho mal, enseñándole de esta forma a asumir la responsabilidad de sus actos.
e. Mostrarle con un ejemplo cómo debe hacer las cosas, de preferencia siendo un modelo para él.
f. Ofrecer distintas opciones a elegir, para que sienta que participa en su propia vida.
g. Expresar nuestras expectativas sobre lo que esperamos de su comportamiento para la próxima ocasión.
h. Expresar nuestro desacuerdo cuando haya hecho o vaya a hacer algo inadecuado.

Lo más importante que podemos enseñarle a nuestros hijos es vivir las propias consecuencias de sus conductas, de forma natural y coherente, y no dedicar toda nuestra energía a los castigos que no tienen relación con lo sucedido.

Consecuencia

La definición que encontramos en el diccionario de la Real Academia Española para la palabra consecuencia es: «Hecho o acontecimiento que se sigue o resulta de otro».

La mayoría de los padres castigan de inmediato a sus hijos cuando estos se portan mal. El castigo —como ya vimos— es la imposición de su voluntad sobre el niño. Por otra parte, la consecuencia es el resultado lógico de un acto indebido. Las consecuencias son distintas de los castigos y es muy interesante ver cómo los niños reconocen la diferencia entre los dos. Ellos responden a consecuencias lógicas y reaccionan con desagrado a los castigos[22].

Es cierto que muchas veces lo que nos lleva a aplicar un castigo en lugar de una consecuencia es la falta de paciencia, el enojo. Estas conductas impulsivas de los padres son comunes y en todas las familias se dan de vez en cuando. Lo que no debe suceder es que se conviertan en conductas habituales y que utilicemos el castigo como escape para nuestras frustraciones de adultos. A veces la tensión en el trabajo, el agotamiento físico, los problemas económicos, encuentran su salida en las agresiones contra nuestros hijos cuando estos se portan mal.

Si los adultos descargamos nuestra frustración sobre nuestros hijos, estaremos siendo injustos. Lo que debemos buscar son consecuencias apropiadas. Las mejores consecuencias son las naturales. Estas tienen que ver con el acto cometido por el hijo y tienen un resultado directo en lo que él hizo. Algunos ejemplos de consecuencias naturales son[4]:

a. Si está jugando con el vaso con agua y éste se derrama, la consecuencia natural es que limpie lo que mojó.
b. Si está molestando al perro cuando come, la consecuencia natural es que el perro lo muerda.
c. Si come demasiados dulces, la consecuencia natural es que se sentirá mal del estómago.
d. Si se queda despierto hasta muy tarde, la consecuencia natural es que batallará para levantarse a la mañana siguiente.
e. Si no hace la tarea, la consecuencia natural es que obtendrá una mala nota y un regaño por parte de su maestra al día siguiente.

f. Si es adolescente y llega fuera del horario permitido, al día siguiente se le descontará el tiempo que usó de más.

g. Si se le asigna una cantidad de dinero mensual y la gasta durante los primeros días del mes, su consecuencia será que no tendrá más dinero para gastar en las siguientes semanas.

No siempre será fácil encontrar consecuencias naturales a las conductas de nuestros hijos, sin embargo no debemos olvidar que nuestro principal objetivo es el de desarrollar la responsabilidad sobre sus actos y que nuestro hijo entienda que sus conductas tienen repercusiones en él y en los demás.

Algunas consecuencias naturales pueden ser peligrosas o dolorosas, por lo que debemos de evitarlas. Si un niño pequeño está jugando junto con la estufa, no vamos a permitir que se queme para que aprenda. Si un hijo adolescente ha consumido alcohol, no vamos a permitirle que maneje un automóvil para que choque. Siempre usaremos el sentido común para seleccionar una consecuencia natural.

En la vida todos nuestros actos tienen consecuencias. Parte de ser una persona responsable es estar consciente de esto. Aunque nos cueste trabajo, debemos dejar a nuestro hijo sin comer esa tarde, pero él aprenderá que a partir de ese día debe comer lo que le sirvan en el plato.

En la aplicación de las consecuencias es donde, además de ser sumamente pacientes, deberemos ser consistentes. Los hijos tendrán que ver que siempre se aplica la misma regla y la misma consecuencia. Si algún otro hermano la siguiente semana no come bien y deja su plato entero, la consecuencia será la misma para todos y él no comerá nada hasta la hora de la cena.

La manera en que los padres aplican la consecuencia también es diferente a la de un castigo. La misma consecuencia dicha a gritos, o como amenaza, se convierte en un castigo. La paciencia es una virtud indispensable para los padres que tienen como responsabilidad ser la imagen de la autoridad. Se debe utilizar un tono firme y una cara con gesto de molestia para que por medio de esta imagen el niño comprenda que estamos molestos; sin embargo, si gritamos y amenazamos con las consecuencias, el niño pensará que la consecuencia natural es una imposición del adulto porque está enojado.

También existen las consecuencias lógicas que se basan en consecuencias naturales, si usted fija un límite o regla de antemano. Las consecuencias lógicas son creadas por los padres e inclusive con la ayuda de los hijos. Con frecuencia, cuando los hijos son adolescentes, se pueden negociar y pactar las consecuencias lógicas con ellos. Las consecuencias lógicas están relacionadas con los comportamientos inadecuados y se presentan a los hijos junto con el programa de límites.

Algunos ejemplos de consecuencias lógicas como resultado de un límite o regla pre-establecida son:

a. Si te peleas con tu hermano, perderás el privilegio de ver la televisión.
b. Si no arreglas tu recámara, no podrás asistir al partido de fútbol.
c. Si molestas a tu hermana, tendrás que permanecer en otra habitación diferente a la de ella.

Estas consecuencias lógicas tienen mucho que ver también con los privilegios que nuestros hijos reciben. Nuestros hijos tienen derecho a ser amados, respetados, cuidados y alimentados. Sus privilegios son aquellas cosas que les damos más allá de sus derechos y necesidades.

Algunos privilegios pueden ser:

– Jugar con videojuegos.

- Asistir a un cumpleaños o fiesta de un amigo.
- Comer dulces durante la tarde.
- Ver la televisión.
- Invitar amigos a jugar a la casa, etc.

La aplicación de las consecuencias requiere firmeza. Los hijos siempre harán lo posible para que cambies de parecer y elimines la consecuencia que previamente habían establecido. Cuando cumplimos una consecuencia prometida, estamos demostrando que nuestra palabra tiene valor. Y si nuestros hijos estuvieron involucrados en establecer esta consecuencia, tienen que demostrar que cumplen con su palabra. Esto es indispensable en todas las edades de nuestros hijos, pero sobre todo en los «terribles» dos años de edad y en la adolescencia, ya que ellos constantemente nos estarán midiendo y tratando de ver cuándo cedemos. Muchas veces, cuando tú cumples una consecuencia prometida, tus hijos pueden expresar su molestia, si son pequeños tal vez te digan que no te quieren o que eres malo, si son adolescentes tal vez te digan que te odian y que eres injusto.

La firmeza al hacer cumplir las consecuencias es la parte más difícil de ser padres. Todos queremos sentir que nuestros hijos nos aman y que los estamos haciendo felices. Pero tenemos que estar convencidos de que, cuando ejercemos la autoridad y llevamos un programa de límites con una disciplina positiva, estamos contribuyendo a su felicidad.

Ceder ante sus exigencias y chantajes puede resultar cómodo y agradable a corto plazo pero, como vimos en el tipo de padre barco o buena onda, a largo plazo las consecuencias serán formar niños manipuladores e incapacitados para convivir en la sociedad.

Hay que ayudar a nuestros hijos a que compensen sus malos comportamientos, a que se sientan responsables de sus actos y que traten de arreglar o reparar el daño que hagan, evitando que su comportamiento vuelva a repetirse. Cuando un niño aprende a ver que las consecuencias son parte natural de la vida y que, en el mundo, todos estamos sujetos a alguna autoridad, y que vivimos en un mundo de reglas, consecuencias y enmiendas, habrá entendido el valor de la responsabilidad al actuar.

Manejo de las consecuencias

Para ayudar a nuestros hijos en su desarrollo, corrigiendo sus errores y ayudándoles a distinguir el bien del mal, es importante que hagamos uso correcto de nuestra autoridad como padres. También es necesario enseñarles a practicar el autocontrol y que sepan dirigirse a sí mismos, asumiendo la responsabilidad de lo que hacen[3].

Debemos hacer que nuestros hijos sientan que las consecuencias son buenas. Lo peor que podemos hacer es tratar de imponer a la fuerza una gran cantidad de reglas y normas de autoridad con sus correspondientes consecuencias.

Revisemos esta lista de sugerencias para manejar un programa de consecuencias realista y equilibrado:

1. Define las consecuencias con tu cónyuge. Participen los dos en la definición de lo que consideren justo. Recuerda que se pueden aplicar consecuencias naturales o consecuencias lógicas.
2. Ten presente que cuando apliques una consecuencia, no se trata de causarle dolor o daño a tu hijo, se trata de hacerlo responsable de sus actos.
3. De ser posible, hazle saber a tu hijo que ciertas conductas suyas tendrán consecuencias. Es más fácil para el hijo evitar conductas negativas cuando sabe que conllevan una consecuencia.

4. Trata de que la consecuencia sea adecuada a la falta, que sea proporcional y equitativa, que sea lo más justa posible.
5. Evita aplicar consecuencias cuando estés fuera de tus casillas. Ordinariamente, cuando estamos agotados o hemos perdido la paciencia, aplicamos consecuencias enormes y desproporcionadas o imposibles de cumplir.
6. Utiliza consecuencias naturales cuando estas no sean dañinas para el niño. No en todos los casos son seguras o aplicables.
7. Una vez que prometas algo… ¡cúmplelo!
8. De preferencia, anticipa las consecuencias lógicas y asócialas a un mal comportamiento o conducta indeseada. Trata de ser realista en la aplicación de la consecuencia y dentro del tiempo que hayas fijado.
9. Recuerda que una consecuencia que no es realista puede llevar a una disciplina poco efectiva.
10. Trata de admitir delante de tus hijos cuando hayas actuado impulsivamente. También los papás nos equivocamos y a veces lo hacemos a través de reacciones exageradas, sobre todo al aplicar consecuencias.
11. Si tú has establecido una consecuencia irrazonable, rectifica, discúlpate y date tiempo para pensar bien las cosas. Vuelve a valorar la consecuencia e incluye a tu hijo en la ejecución de esta.
12. Promete cumplir las consecuencias, persevera, no amenaces.
13. Recuerda ser firme, esta es la parte más difícil de ser padre, pero también es la más importante.
14. Evita el refuerzo intermitente, de nada le ayudará a tu hijo ver que a veces le pides unas cosas y a veces no.
15. Sé perseverante. Los comportamientos no cambian de la noche a la mañana.

16. Trata de elogiar todas las actitudes positivas que tu hijo presente, esto hará que se sienta motivado para continuar portándose bien.
17. Critica la falta, no a tu hijo.
18. Aplica las consecuencias de manera natural cada vez que haya un mal comportamiento. Trata de que sea una consecuencia rutinaria.
19. Recuerda que estás trabajando para obtener resultados a largo plazo, el esfuerzo vale la pena.
20. Las consecuencias son buenas... no lo olvides.

Preguntas de reflexión

1. Define con tus propias palabras «castigo» y «consecuencia».
2. ¿Cómo manejas la autoridad con tus hijos? ¿Castigas o pones consecuencias? ¿Por qué?
3. Escribe tres reglas para cada uno de tus hijos con sus respectivas consecuencias y adecuadas a su edad.
4. ¿Por qué son buenas las consecuencias?

8. Manejo de la autoridad por pasos (programa para padres)

Primer paso: definir reglas

El primer paso consiste en definir reglas y límites claros y recuerda que cuanta más autoridad tengas, menos problemas tendrás con tus hijos y menos conductas tendrán que corregir. Para ello es necesario tener acciones planificadas y el firme objetivo de fungir como líder en la familia.

Para iniciar este proyecto es importante tener una buena y sólida comunicación con tu cónyuge, ya que lo que es importante para ti tal vez no lo sea para tu pareja. Uno de los problemas más comunes a los que se enfrentan los programas de límites, es que muchas veces padre y madre no tienen las mismas expectativas, esperan cosas diferentes de sus hijos y no logran ponerse de acuerdo en cuáles son las reglas más importantes. Ante una situación así, es obvio pensar que el niño tampoco podrá distinguir qué es lo que se espera de él. En un ambiente de reglas confusas difícilmente se puede llevar a cabo un programa de límites.

Una vez que los padres se han sentado a definir cuáles son las prioridades de cada uno de ellos, habrá que jerarquizarlas. Como sugerencia se incluye la siguiente lista:

a. Respeto: si alguien se pregunta cuáles son las conductas que debemos controlar en primer lugar en nuestros hijos, definitivamente son las que tienen que ver con el respeto. Esta es una virtud muy importante a tener en cuenta en el manejo de los límites. Se refiere a las diferentes agresiones que un niño o un adolescente puede presentar en su casa. Se puede faltar al respeto a una persona atacándola físicamente. Cuando los niños son pequeños, es muy frecuente que golpeen a sus padres cuando están enojados o lastimar a sus hermanos con un tirón de cabello o una mordida. Este tipo de falta de respeto tiene que ser considerada como la más importante de todas. No importa si tu hijo tiene problemas para meterse a bañar o no quiere comerse las verduras. Si por alguna razón está golpeando a sus padres o a sus hermanos, tenemos que detener esta situación cuanto antes.

Otra falta de respeto, aunque no tan directa, es dirigirse a los padres de manera inadecuada. Contestarle mal a un adulto que representa la autoridad es una falta importante de respeto también. Muchas veces no les permitimos a nuestros hijos que nos agredan físicamente, sin embargo les permitimos que lo hagan con sus palabras. Los niños y los adolescentes tienen que aprender que las palabras también lastiman, igual que los golpes. Las agresiones verbales deben prohibirse.

En algunas ocasiones he conocido familias que tienen un estilo de hablarse sumamente agresivo, inclusive permitiéndose el uso de palabras altisonantes. A veces los padres se dan cuenta de que esta situación es inapropiada y suelen preguntarse cuándo fue que comenzó todo. Es alrededor de los cuatro o cinco años cuando el niño descubre que el lenguaje no solo sirve para comunicarse, sino también para generar sentimientos en el otro. En este momento es cuando comienzan las faltas de respeto al hablar. Si los padres no detienen esta situación, es muy probable que aumente con el paso de los años y se vuelva insoportable.

Si en casa se están presentando cualquiera de estos tres tipos de falta de respeto, los padres deben de incluirlos en su lista de conductas negativas a modificar y se sugiere que lo hagan como prioridad número uno.

b. Seguridad personal: los padres estamos llamados a proteger a nuestros hijos del peligro que muchas veces representan ellos mismos. Las reglas en casa deben tomar en cuenta que, cuando los niños son pequeños, no miden los riesgos que les rodean y que esta actitud se presenta aún en la adolescencia. Ningún padre debe ceder ante la presión de sus hijos, cuando estos quieren que se les permitan conductas peligrosas.

Tenemos que establecer reglas firmes en la casa que protejan a los hijos de su misma inmadurez. Por más que llore un pequeño de dos años no podemos permitirle jugar con fuego. Por más que nos presione un adolescente de trece años, no podemos permitirle manejar el auto de la familia. Es increíble ver la cantidad de conductas peligrosas que los padres permiten en sus hijos, agobiados por la presión que ejercen estos sobre ellos.

Usted no puede tratar de negociar con su hijo si le tomará o no la mano al cruzar una peligrosa avenida, simplemente le exige que se tome de la mano y lo obedezca. Por más que trate de explicarle a un niño pequeño que esta conducta puede resultar sumamente peligrosa, muy posiblemente no logrará convencerlo. Lo mismo sucede con los adolescentes: muchas veces ellos presionan para obtener un permiso que usted considera peligroso. Tal vez trate de negociar con ellos, sin embargo es muy poco probable que logre convencerlos. En estos casos se debe exigir la obediencia ciega, sin cuestionamientos, ya que posiblemente nuestro hijo no alcanza a percibir los peligros que lo rodean y simplemente debemos ejercer la autoridad, exigir obediencia y evitar los peligros contra su seguridad personal. Este tipo de reglas se sugiere que sean consideradas como prioridad número dos.

c. La armonía familiar: muchas veces hemos encontrado parejas que se sienten totalmente desalentadas ante las conductas inadecuadas de sus hijos. La madre se queja de que resulta imposible controlar a los niños y que estar castigándolos todo el día le provoca estrés. Otras veces escuchamos quejarse al padre diciendo que en la casa se vive una auténtica batalla campal, que el desorden y las faltas de respeto convierten el tiempo que se pasa en casa en un verdadero suplicio. Este tipo de conductas inadecuadas que ponen en riesgo la armonía familiar, son una razón importante para utilizar un programa de límites. Los padres tienen que favorecer un ambiente sano y enriquecedor dentro de la casa, donde se viva la armonía y puedan desarrollarse las habilidades sociales de los hijos como preparación para insertarse en la sociedad. Si en casa se están presentando conductas que ponen en riesgo la armonía familiar, es importante tomarlas en cuenta a la hora de definir aquellas reglas que queremos para nuestro hogar.

d. La vida social de nuestros hijos y de la familia: todos hemos conocido en algún momento de nuestras vidas a aquella pareja que tiene un hijo que no es bien recibido por considerársele malcriado. Este tipo de niños suelen ocasionar un verdadero caos en donde se presentan: molestan a otros niños, no respetan la propiedad ajena, rompen todas las reglas existentes, retan a la autoridad y generan un ambiente poco agradable a su alrededor. Sus padres tienen que enfrentarse a la triste realidad de que los grupos sociales los van excluyendo. Dejan de ser bien recibidos en las casas y su presencia se convierte en una auténtica molestia. Estos niños gritan «ayuda», necesitan forzosamente límites que les ayuden a desarrollar el autocontrol. Los límites y el autocontrol les permitirán crecer sanos, motivados y sentirse amados por los demás. Los padres tenemos la necesidad de definir reglas dentro de nuestra casa, reglas que favorezcan en nuestros hijos el autocontrol y que les ayuden a desarrollar la habilidad de socializar.

e. El bienestar de la comunidad: cuando Dios nos entregó a nuestros hijos, no lo hizo para que quedarnos con ellos en casa.

Nos los prestó por una temporada, para ayudarlos a convertirse en personas que transformen el mundo y lo conviertan en un mundo mejor. Los padres son directamente responsables de ayudar a sus hijos a convertirse en personas de bien. Nuestros hijos tienen que entender que su comportamiento debe ser aceptado por el grupo al que pertenecen (familia, escuela, sociedad).

Estos son algunos de los ejemplos que debemos tomar en cuenta a la hora de definir las reglas que utilizaremos en un programa de límites. Existen muchas más razones por las cuales es importante definir reglas, simplemente he querido señalar aquellas que considero más importantes. Los padres pueden hacer su propia lista de prioridades e incluir todas aquellas conductas que esperan que sus hijos vivan en el futuro. William Damon, en su libro «Greater expectations: Overcomig the culture of indulgent in our homes and schools», dice: todos los jóvenes necesitan disciplina en un sentido positivo y restringido. Si los niños aprenden capacidades productivas, necesitan desarrollar la disciplina a fin de aprovechar al máximo sus talentos innatos. También deben encontrar una disciplina firme y coherente cada vez que ponen a prueba los límites de las normas sociales[2].

La mayoría de las parejas logran ponerse de acuerdo, minimizan las diferencias y establecen un consenso. Presentar un frente unido ante los hijos hace que resulte más fácil el manejo de las reglas.

Segundo paso: hazle saber al hijo lo que esperas de él

La primera tarea de la disciplina es dejar claro al niño lo que se supone que debe de hacer. Muchas veces pensamos que nuestros hijos ya saben lo que esperamos de ellos. Trata de explicarles, de manera amorosa y firme, que papá y mamá han establecido nuevas reglas y que esperan que sean cumplidas. De esta manera no solo les están explicando cuáles son las reglas y expectativas que regirán la casa, sino también les están diciendo que esperan que cumpla con ellas.

Cuanto más específicos sean los padres al dar la indicación, tanto mejor se entenderá. Los padres deben ser muy claros al definir el comportamiento que esperan de su hijo y al explicarle las reglas que se han establecido en el hogar. Debemos tomar en cuenta que, cuando los niños son pequeños, no entienden palabras abstractas. Decirle a un niño «quiero que no te portes mal» puede que no signifique nada para él. Es preferible describirle exactamente lo que se espera de él: «no brinques en la cama», esto sí resulta perfectamente claro y entendible.

Trata de establecer una regla a la vez. Los hijos se pueden sentir agobiados cuando los padres los bombardean con una cantidad enorme de reglas e indicaciones. Ser precisos, claros y sencillos ayudará a facilitar el manejo de un programa de límites.

Tercer paso: jerarquiza las batallas

Los padres debemos tratar de enfocar nuestra energía en cambiar aquellas conductas que afecten y desgasten más a nuestro hijo y a nuestra familia. No podemos pelear todas las batallas en un solo día. Hay que jerarquizar las más importantes, enfocarnos en ellas e ignorar las pequeñas cosas de cada día.

Los comportamientos que son realmente relevantes son aquellos en los que es preciso mantenerse firmes.

Muchos padres se desgastan enormemente tratando de ejercer la autoridad en todo, cuando no tienen bien claro qué es lo más importante en la vida de sus hijos. Nuestro objetivo es formarlos, convertirlos en personas de bien. Por lógica, no será igualmente importante si nuestro hijo acepta comer brócoli a la hora de la comida, como la importancia que puede tener que nuestro hijo nos falte al respeto con sus palabras.

Si usted es de esos padres que se siente agotado porque durante todo el día se ha peleado con sus hijos y siente que está perdiendo la objetividad, trate de repasar los conflictos del día y trate de identificar aquellos que posiblemente no son importantes o trascendentes para la formación de su hijo. Hay conductas que podemos simplemente ignorar. De hecho, la psicología infantil nos enseña que, cuando nuestro hijo presenta conductas inapropiadas y éstas no son trascendentes, tenderán a desaparecer con solo ignorarlas.

Cuarto paso: acompaña cada regla con su consecuencia

Sobre aviso no hay engaño. Cuando el hijo sabe de antemano que si actúa de una u otra manera hay consecuencias y estas se le han hecho saber de antemano, los padres no necesitarán amenazar o castigar, simplemente el hijo sabrá que su acción tuvo una reacción, que su conducta tuvo una consecuencia y que por lo tanto habrá que asumirla. Este punto es muy importante para el trabajo con los hijos adolescentes, que suelen quejarse de sus padres cuando se sienten castigados y que buscan a quién culpar por sus acciones.

En este cuarto paso vale la pena reflexionar sobre los hijos adolescentes: tenemos que buscar el desarrollo de una disciplina razonada. Cuando un hijo adolescente comete una falta, conviene hablar con él en relación con dicha falta y lo que esta ocasiona. Si es la primera vez, todo puede quedar en una plática y un compromiso. En caso de reincidencia, el adolescente puede establecer junto con ustedes la consecuencia. Si la falta se repite, no habrá sorpresas, el hijo sabe a lo que se atiene pues él mismo participó en la definición de la acción a tomar[3].

Las consecuencias deben aplicarse lo más cerca posible del momento en que la regla fue quebrantada. Si un hijo comete una falta y varios días después recibe su consecuencia, no percibirá la relación causa - efecto. Es importante decir que debemos aplicar las consecuencias con serenidad para evitar aparecer como injustos o como padres que hacen un uso inapropiado de nuestra autoridad.

Una vez que tu hijo conoce las nuevas reglas y sus consecuencias, solo necesitarás permanecer firme y consistente hasta que tu hijo acepte las reglas como código de conducta.

Cuando tú inicias un programa de límites en tu casa, es muy probable que tus hijos incrementen por unos días sus conductas inadecuadas. Esto es, si tú estás tratando de evitar que tu hija llore por todo y pones la regla «no te escucharé, si pides las cosas llorando», de seguro llorará más por dos o tres días, para probar tu autoridad, si tú cedes o te desesperas, fracasarás en el intento de cambiar la conducta. Recuerda el tema de este capítulo: «manejo de las consecuencias».

Una vez armado o armada con el apoyo de tu cónyuge, las reglas claras, pocas, jerarquizadas y sus respectivas consecuencias, toma en cuenta los siguientes aspectos:

– Las conductas cambian lentamente, aun cuando haya consecuencias.
– Los largos discursos no cambian las conductas.
– Sé claro, firme y consistente al aplicar la disciplina.
– Evita usar gritos y nalgadas.
– La consecuencia no es una venganza.
– La consecuencia no necesita ser severa para ser efectiva.
– Es preferible usar consecuencias pequeñas cada vez que son rotas las reglas.
– Selecciona consecuencias que puedas utilizar inmediatamente.
– Critica la conducta del niño, no al niño.

- Da más motivación positiva que regaños.
- Da buen ejemplo.

Quinto paso: estimula a tu hijo

Es muy importante que los padres de familia establezcan pautas que regulen las conductas inapropiadas de los hijos desde que son pequeños. Pero es más importante darnos cuenta de que, en realidad, algunas veces estamos solo concentrados en aquellas conductas inadecuadas. Es cierto que en este libro se busca explorar las formas de cambiar comportamientos negativos y de recuperar la autoridad dentro de la familia; pero también es cierto que la mayoría de los padres nos enfocamos más en las cosas que nuestros hijos hacen mal, que en aquellas que hacen bien.

Cuando un niño está dando problemas en su familia, los padres piden consejo, se sienten abrumados y lo comentan con sus amigos. ¿Cuántas veces has platicado sobre lo preocupado que estás en relación con alguna conducta negativa que esté presentando tu hijo? ¿Cuánto tiempo le dedicas en tus conversaciones a platicar sobre lo satisfecho que estás por los logros de tus hijos? Consideramos que hablar de los logros de nuestros hijos es ensalzarnos. Inclusive los adolescentes se quejan de que sus padres solo se fijan en sus conductas negativas.

Si intentas hacer una lista de los defectos de tu hijo, probablemente no tardarás mucho en terminarla y, a lo mejor, resulta una lista muy larga. Sin embargo, si intentas hacer una lista de sus cualidades, probablemente necesitarás varios minutos y la lista no pasará de diez cualidades. Tendemos a enfocarnos en lo negativo de las personas y damos por un hecho lo positivo.

Como padres tenemos que tratar de buscar el equilibrio entre reconocer los esfuerzos que hacen nuestros hijos por obtener buenos resultados y corregir con firmeza y con amor aquellas conductas que resultan inadecuadas. Todos buscamos pasar momentos agradables en nuestra casa y hacer de ella un verdadero hogar. Para lograrlo, necesitamos esforzarnos por crear un ambiente donde todos se sientan estimulados y valorados[22].

Una cosa es reconocer a nuestros hijos sus conductas adecuadas y otra, premiar con dulces, juguetes o dinero estas conductas. Si tú les ofreces a tus hijos un dulce cada vez que recojan sus juguetes, posiblemente ellos te cobrarán con cinco dulces cuando su habitación esté más desordenada y requiera más trabajo. Con este tipo de conductas puedes crear, sin darte cuenta, un auténtico monstruo que te cobrará cuando haga lo que debía. Muchas veces los premios se convierten en sobornos: «si haces esto, te doy aquello». Esta es una manera de chantajear a las personas y resulta muy cómodo porque así no tenemos que enfrentarnos a las excusas que nos ofrece nuestro hijo para no realizar una tarea. Este tipo de conductas nos alejan del objetivo primordial que tiene la disciplina, que es formar personas maduras y responsables de sus actos, que hagan lo que deben hacer porque lo deben hacer, aun cuando esta tarea no resulte agradable o gratificante. Tenemos que enseñarles esforzarse y a utilizar su fuerza de voluntad para alcanzar aquello que se proponen.

No debemos confundir los incentivos con los sobornos y los chantajes. Un incentivo puede ser emocional y consiste simplemente en observar aquellas conductas positivas que realiza nuestro hijo y alabarlas. Un soborno es tratar de solucionar una situación incómoda a través de un objeto material: «si comes todo lo que está en tu plato, te daré una moneda». Esto es totalmente diferente que comentarle al niño: «¡qué bien has comido hoy tu sopa… cada vez creces más y estás más fuerte!».

Ejercicio final

Este es un ejercicio final que debes realizar junto con tu pareja, definiendo algunas reglas y consecuencias para toda la familia, y otras específicas para cada miembro de la familia según sus propias necesidades.

Primer paso: Definir reglas familiares y definir reglas hijo por hijo.

Segundo paso: Establecer para cada regla del primer paso, consecuencias positivas si se cumple la regla y negativas en caso de que no se cumpla.

Tercer paso: Infórmale a cada hijo de manera particular las reglas-consecuencias (las consecuencias positivas y las negativas).

Cuarto paso: Diseña una gráfica para motivar a cada miembro de la familia y reconocer su esfuerzo por cumplir con las reglas familiares.

Quinto paso: Evalúa a cada miembro de la familia diariamente, al anochecer y en privado. Dale herramientas para mejorar aquello en lo que esté teniendo dificultades y expresa tu reconocimiento por cada pequeño avance.

¡No olvides que el amor, la paciencia, la constancia y sobre todo el respeto, son fundamentales para lograr una familia estructurada y feliz!

Conclusiones

Al haber realizado este libro, tuve oportunidad de comprender muchas cosas sobre la autoridad y la disciplina. La misma realización de este, me exigió esfuerzo y constancia.

En la vida, las cosas que nos exigen dar más de nosotros mismos son las que más nos enseñan.

Ejercer la autoridad es un arte: ser lo suficientemente firme para conservar la figura de autoridad y lo suficientemente amoroso para que no se abran distancias entre el corazón del que manda y el corazón del que obedece.

Los líderes se distinguen por la cercanía que hacen sentir a sus seguidores y por el ejemplo que arrastra a las multitudes que quieren ser como ellos. Son imagen de un anhelo de «querer ser como eres tú».

Eduquemos a nuestros hijos para que sean capaces de enfrentarse al mundo actual, tan seductor y tan cómodo, con fortaleza y llenos de convicciones. Seamos para ellos ese ejemplo, ese líder, ese modelo. Que cuando sean grandes, quieran ser como tú. La vida de los padres, mientras sus hijos están bajo su autoridad, debe consistir en llenarles una mochila de valores, enseñanzas y consejos, para que ellos los utilicen llegado el momento.

No desperdiciemos un solo segundo la oportunidad que Dios nos regaló de ejercer la autoridad e influir en la vida de nuestros hijos. Esa es nuestra misión en la vida y nuestra empresa más importante. Nada ni nadie en el mundo puede sustituir a un padre y a una madre. La vida actual ofrece pálidas ofertas que empobrecen a la persona humana y la «cosifican». Los padres tenemos la obligación y el deber de guiar a nuestros hijos.

La autoridad de los padres ha sido desplazada y ha creado un vacío, este vacío está siendo ocupado por una lista interminable de antivalores.

Luchemos por recuperar la autoridad, por formar a nuestros hijos en el orden, el respeto y la obediencia, dejemos que maduren con una guía clara que los oriente y los capacite para realizarse cuando hayan alcanzado la madurez.

Sepamos apretar cuando se requiera, pero soltar también a tiempo. Nunca se ha dicho que alcanzar el justo medio sea fácil, pero nuestros hijos reclaman un mundo mejor, donde el bien prevalezca y el amor esté de vuelta.

Alguien ha dicho que «el bien está bien aunque nadie lo practique... y el mal está mal, aunque todo mundo lo haga».

Pero para saber distinguir el bien del mal, nuestros hijos necesitan un padre y una madre que los guíe.

¡Hagámoslo!

Bibliografía

1. Ruiz, Maruca. Lo que dicen los niños con sus actitudes. 1a ed. México, DF: Editorial Pax, 2000.
2. Shapiro, Lawrence E. La inteligencia emocional de los niños. Buenos Aires, Argentina: Javier Vergara Editor, 1997.
3. Zuloaga, Jorge y Norah Franco de Zuloaga. ¡Padres en acción! México, DF: McGraw Hill, 2002.
4. Apter, Dra. Terri. El niño seguro de sí mismo. Madrid: Editorial EDAF, 1999.
5. Juan Pablo II. La familia en los tiempos modernos. 25a ed. México, DF: Ediciones Paulinas, 1992.
6. Santa Sede. Catecismo de la Iglesia Católica. México, DF: Ediciones Paulinas, 1999.
7. Novoa Bodet, Dr. José. Mi hijo no quiere comer. 1a ed. México, DF: Editorial Diana, 1978.
8. Ramírez Padilla, David Noel. Parejas sedientas de felicidad. México, DF: McGraw Hill, 2005.
9. Prado Maillard, Evelyn y Jesús Amaya Guerra. Padres duros para tiempos duros. 1a ed. México, DF: Editorial Trillas, 2005.
10. Hertfelder, Cynthia. Cómo se educa una autoestima familiar sana. Madrid: Ediciones Palabra, 2005.
11. Amaya Guerra, José. Fracasos y falacias de la educación actual. 1a ed. México, DF: Editorial Trillas, 2005.
12. Spock, Dr. Benjamin y Dr. Michael B. Rothenberg. Tu hijo. Buenos Aires, Argentina: Javier Vergara Editor, 1996.
13. Rosemond, Dr. John K. ¡Porque lo mando yo!. 62a ed. México, DF: Editorial Libra, 2004.
14. Turecki, Stanley y Leslie Tonner. El niño difícil. Barcelona: Ediciones Médici, 1995.

15. Rojas, Enrique. El hombre light. 1a ed. México, DF: Editorial Planeta Mexicana, 2004.
16. Aguiló, Alfonso. Educar los sentimientos. 4a ed. Madrid: Ediciones Palabra, 2004.
17. Cervera, José Manuel y José Antonio Alcázar. Hijos, tutores y padres. 3a ed. Madrid: Ediciones Palabra, 2003.
18. Alcázar, José Antonio y Fernando Corominas. Virtudes Humanas. 3a ed. Madrid: Ediciones Palabra, 2003.
19. Castillo, Gerardo. Juventud reto y promesa. 1a ed. Pamplona, España: Loma Editorial, 1992.
20. Vázquez, Antonio. Matrimonio para un tiempo nuevo. 14a ed. Madrid: Ediciones Palabra, 2003.
21. Franco, Gloria Elena. La comunicación en la familia. 4a ed. Madrid: Ediciones Palabra, 2001.
22. Golant, Dr. Mitch y Susan K. Golant. Discipline a su preescolar y siéntase a gusto. 1a ed. México, DF: Editorial Diana, 1995.
23. Artola González, Teresa. Situaciones cotidianas de tus hijos adolescentes. 3a ed. Madrid: Ediciones Palabra, 2005.
24. Kovacs, Dr. Francisco. Hijos menores. 8a ed. Madrid: Ediciones Martínez Roca, 2003.
25. García-Pelayo y Gross, Ramón. Diccionario usual. 9a ed. México, DF: Ediciones Larousse, 2001.
26. Prado Maillard, Evelyn y Jesús Amaya Guerra. Hoy tirano mañana Caín. 1a ed. México, DF: Editorial Trillas, 2007.
27. Stevens, Dra. Laura J. Cómo ayudar a los niños con déficit de atención. 1a ed. México, DF: Editora Aguilar, 2001.
28. Isaacs, David. La educación de las virtudes humanas y su evaluación. 11a ed. México, DF: Minos Tercer Milenio, 2006.
29. Cantú Treviño, Lucía. La importancia del padre en el desarrollo del niño. Monterrey, NL: Instituto Juan Pablo II, 2003.
30. Robles Nava, Francisco. «Aumenta adicción a las drogas en México». La Opinión Digital. <http://www.laopinion.com/>.

31. «Aumenta adicción a las drogas». ITESM. <www.itesm.mx/dae/cat/d_aumentaadiccionalasdrogas.pdf>.
32. «El Castigo». Portal Planeta Sedna. <http://www.portalplanetasedna.com.ar/castigo>.
33. Ureña, Lic. Dawlin. «La disciplina en el hogar». Ministerios Antes del Fin. <http://antesdelfin.com/familycastigoindex.html>.
34. «¿Debemos castigar a los hijos?». Consulta de Psicología. Feb 26 2007. <http://www.consultasdepsicologia.com/2007/02/26>.
35. «El Castigo». El Diario. <http://www.eldiariony.com/noticias/index.aspx>.